Hermann Abert
Goethe und die Musik

SEVERUS Verlag

Abert, Hermann: Goethe und die Musik. 2013
Neuauflage der Ausgabe von 1922
ISBN: 978-3-86347-661-8

Korrektorat: Julia Felis
Umschlaggestaltung: SEVERUS Verlag

Bibliografische Information der Deutschen Nationalbibliothek: Die Deutsche Nationalbibliothek verzeichnet diese Publikation in der Deutschen Nationalbibliografie; detaillierte bibliografische Daten sind im Internet über https://dnb.de abrufbar.

Der SEVERUS Verlag ist ein Imprint der Bedey & Thoms Media GmbH, Hermannstal 119k, 22119 Hamburg

SEVERUS Verlag, 2013
http://www.severus-verlag.de
Gedruckt in Deutschland
Der SEVERUS Verlag übernimmt keine juristische Verantwortung oder irgendeine Haftung für evtl. fehlerhafte Angaben und deren Folgen.

Hermann Abert

Goethe und die Musik

Inhaltsverzeichnis

Vorwort 6
Die Musik in Goethes äußerem Lebensgang 9
    Frankfurt 9
    Leipzig 12
    Straßburg/Wieder in Frankfurt 13
    Weimar und seine Musikpflege 17
    Goethe und die Weimarer Musik 20
    Italien (1786–1788) 23
    Rückkehr nach Weimar/ J. F. Reichardt 26
    Die Freundschaft mit Zelter 29
    Goethes Hausmusik/ Beziehungen zu Beethoven
    und andern zeitgenössischen Meistern 34
    Die letzten Jahre 42
Goethe und die Musikanschauung seiner Zeit 47
Das Lied 63
    Dichtung und Musik zur Zeit Goethes 63
    Die zweite Berliner Liederschule 70
    Die neue „musikalische" Lyrik 71
    Der Standpunkt Goethes 74
Die Oper 80
    Das ernste Musikdrama und Gluck 80
    Die volkstümlichen Operngattungen 83
    Goethes Singspiele 87
    Goethe und die *Opera buffa* 93
    Die späteren Opernfragmente 100
    Das Melodram 105
    Einfluß der Oper auf Goethes eigene D i c h t u n g ... 107
Das Musikalische in Goethes Lyrik 113
Literatur 132

Vorwort

Noch ein Buch über Goethe und die Musik? Heißt das nicht Eulen nach Athen tragen in einer Zeit, die über dieses Thema bereits eine kleine Bibliothek von größeren oder kleineren Schriften besitzt? Mit gewohnter Gründlichkeit sind wir Deutschen gerade dieser Seite von Goethes Wesen nachgegangen, zumal als sich immer deutlicher herausstellte, welch große Rolle die Tonkunst im äußeren Leben des Dichters bis in sein höchstes Alter gespielt hat. Über diese äußeren Beziehungen sind wir denn heutzutage auch so genau unterrichtet, daß kaum mehr neue Entdeckungen von entscheidender Tragweite zu erwarten sind. Dagegen gehen über alles, was jenseits dieser greifbaren Welt liegt, die Ansichten immer noch weit auseinander. Weder die geschichtliche Seite des Problems, das Verhältnis von Goethes Musikanschauung zu der seiner Zeit, ist völlig geklärt, noch vollends die ungleich wichtigere Frage nach der Rolle der Tonkunst in Goethes Weltbild. Man höre sich da nur einmal die Urteile des Laientums, auch des musikalisch gebildeten, an. In dem bekannten Drange des gewöhnlichen Sterblichen, an seinen Lieblingsheroen alle die idealen Eigenschaften auszuspüren, die er selber zu haben glaubt oder doch wenigstens wünscht, bieten die einen alles auf, Goethe zu einem hochmusikalischen Menschen in ihrem, dem modernen Sinne zu stempeln. „Goethe war viel zu groß, um unmusikalisch zu sein", sagte mir einmal eine Dame kurz und bündig. Die andern aber können dem Dichter seine Haltung gegenüber Beethoven, Schubert und andern heute allgemein anerkannten Größen nicht verzeihen, betrachten alle Versuche, ihm einiges Musikverständnis zuzuschreiben, als Mohrenwäsche und sind womöglich noch höchlich befriedigt in dem Bewußtsein, dem großen Manne wenigstens in einem Punkte überlegen zu sein. Das alles ist nur ein Beweis dafür, daß sich auch die zünftige Forschung über diese wichtigen Fragen noch keineswegs im Klaren ist.

Mir will scheinen, als ginge man auch heute noch von zwei falschen Voraussetzungen aus. Zunächst spielen mit Bezug auf Goethe die beiden Begriffe „musikalisch" und „unmusikalisch" noch eine viel zu große Rolle, also Begriffe, die, bei Lichte betrachtet, gar keine sind. Denn solange es nicht gelingt, die Proteusgestalt des „musikalischen Menschen" begrifflich festzuhalten, solange jeder darunter wieder etwas anderes versteht, solange bleibt die berühmte Frage „War Goethe musikalisch oder nicht?" eitel Schall und Rauch. Beginnt diese Erkenntnis allmählich in der Fachliteratur auch langsam durchzudringen, so fehlt es doch auf der andern Seite noch stark an einer geschichtlichen Einordnung von Goethes Stellung zur Musik. Getreu dem Grundsatz, daß der Lebende recht hat, messen wir sie ganz unbefangen mit dem Maßstab unseres heutigen Musikempfindens, ohne zu bedenken, daß auch das musikalische Empfinden als solches seine Entwicklung gehabt hat, und zwar eine Entwicklung nicht bloß dem

Grade, sondern der ganzen Art nach. Hatte doch auch im Musikleben der Zeit Goethes der Lebende recht, und ihm dieses Recht zu verschaffen, ist nicht bloß die Pflicht des Historikers, sondern auch der einzige gangbare Weg, um über Goethes Stellung zur Tonkunst zu brauchbaren Ergebnissen zu gelangen.

Die äußeren Beziehungen des Dichters zur Musik bilden dabei natürlich nach wie vor den Ausgangspunkt. Danach aber wird festzustellen sein, welche Art von musikalischem Empfinden die ganze Kultur der Goethezeit geschaffen hat, welche Stellung sie den einzelnen Zweigen anwies und endlich, welche Züge davon in Goethes Musikanschauung übergingen und seine schöpferische Teilnahme weckten. Erschöpfendes darf man im Rahmen dieser Schrift nicht erwarten. Sie will nur zu weiterem Nachdenken über die hier aufgeworfenen Fragen anregen. Auch bitte ich, zu bedenken, daß ihr Verfasser Musikhistoriker und nicht Literarhistoriker ist.

Leipzig / Januar 1922
Herman Abert

Die Musik in Goethes äußerem Lebensgang

Frankfurt

Goethes Vaterstadt Frankfurt a. M. konnte zur Zeit seiner Geburt und Kindheit auf eine ruhmreiche und lebendig fortwirkende musikalische Vergangenheit zurückblicken. Die Tätigkeit von Joh. Andr. Herbst und besonders von Georg Philipp Telemann, der die Stadt erst 1721 verlassen hatte, war bei der Bürgerschaft noch nicht vergessen und hatte eine eifrige Musikpflege ins Leben gerufen, die sich nach dem Vorbild der „Hochadeligen Gesellschaft Frauenstein" und ihres Musikkollegiums besonders in den vornehmen Bürgerhäusern entfaltete, aber auch weit in die unteren Schichten hinabreichte. So wird schon Goethes Großvater, der Schneider und Gasthalter zum „Weidenhof", Friedrich Goethe, als besonders musikverständig gerühmt. Goethes Elternhaus vollends kann als typisch für die musikalischen Neigungen einer guten Frankfurter Bürgerfamilie gelten. Der Vater griff bei all seiner steifleinenen Gediegenheit gern zur Flöte und Laute; er trieb die Musik zwar ganz nach seiner gewohnten, umständlichen Art, mochte aber doch die Feierstunden, die sie ihm gewährte, nicht missen. Dem Bilde der Frau Rat mit ihrer temperamentvollen innerlichen Anmut entspricht es durchaus, daß sie uns ihr großer Sohn selbst am Spinett vorführt, den italienischen Sprachmeister zu seinen Arien und sich selbst zu ihren Liedern begleitend. Das setzt einen regen Sinn nicht nur für die Musik im Allgemeinen, sondern auch für die in den fünfziger Jahren kräftig aufblühende deutsche Liederherrlichkeit voraus. Die Frau Rat war es offenbar auch, die darauf drang, daß ihre Kinder Klavierunterricht erhielten. Der erste Klaviermeister Goethes, Joh. Andr. Bismann, der zuerst Sänger, dann Kantor am Gymnasium war, hatte eine zwar etwas schnurrige, aber dem kindlichen Fassungsvermögen mit Phantasie und Humor entgegenkommende Methode, die auch Goethe zeitlebens in Erinnerung blieb. Man darf sich nun freilich von dem damaligen Laienklavierunterricht keine zu große Vorstellung machen. Die Klaviermusik hohen Stils mit ihren Phantasien, Tokkaten, Fugen usw. blieb den Berufsmusikern vorbehalten, die sich auch mit der eben damals die älteren Formen allmählich verdrängenden Sonate befassen mochten. Die Welt des klavierspielenden Dilettanten dagegen war die des Tanzes und des lange mit ihm eng verbundenen Liedes, und so werden wir uns auch den jungen Goethe am Klavier zu denken haben, wie er sich an allerhand Tänzen versucht, den versprengten Überresten der alten Suite, vor allem an den Lieblingen seiner Zeit, Menuetten und Polonäsen, dazu an Märschen, beliebten Liedweisen und ähnlichen Modesachen, ganz wie wir es aus den noch erhaltenen Klavierbüchern von Dilettanten aus jener Zeit kennen. Mit Fingerdrill im heutigen Sinne ist er sicher nicht viel geplagt worden, wohl aber legte man damals auch beim Dilettanten auf einen ausdrucks- und geschmackvollen Vortrag großen Wert, und namentlich blieben ihm wenigstens die Anfangsgründe des Generalbaßspiels nicht erspart. Auch die Laienliteratur jener Zeit kennt nur ausnahmsweise voll ausgeführte Harmonien, sie schreibt vielmehr für gewöhnlich nur die Melodie und den Paß, mit oder ohne Bezifferung hin, und ein Hauptteil des Klavierunterrichts bestand eben in der Unterweisung des Schülers, die fehlenden Akkorde von sich aus richtig zu ergänzen.

Auch von außen her trat die Musik in immer stärkerem Grade an Goethe heran. Er wurde in Aufführungen aller Art in Kirche und Konzertsaal mitgenommen; so hörte er im August 1763 den damals siebenjährigen Mozart spielen, der auf der Durchreise nach Paris in Frankfurt ein Konzert gab. Auch seine ersten Operneindrücke fallen in diese Zeit. Italienische Operntruppen führten in den sechziger Jahren eine Reihe von Buffowerken auf, und ihnen gesellten sich seit 1759 französische bei, die zur Unterhaltung der französischen Besatzung nach Frankfurt berufen wurden. So lernte Goethe zur selben Zeit auch die Schwesterkunst der italienischen *Opera buffa*, die Pariser *Opéra comique*, kennen. Es ist sehr bezeichnend, daß die italienischen Werke alsbald seinen Nachbildnertrieb weckten, ein Beweis für die außergewöhnliche Empfänglichkeit des Knaben; aber auch die französischen Eindrücke blieben dauernd in seiner Seele haften.

Leipzig

So kam er zwar nicht als „Kenner", aber doch als recht gut beschlagener „Liebhaber" der Musik 1765 nach Leipzig. Es war freilich nicht mehr die Stadt Sebastian Bachs; der galt den meisten damaligen Leipzigern, wie seinem eigenen Sohne Joh. Christian, als „alte Perücke", und Goethe hat von ihm sicher nicht mehr als höchstens seinen Namen flüchtig gehört. Trotzdem war Leipzig auch jetzt noch einer der Hauptsitze bürgerlicher und namentlich studentischer Musikpflege in Deutschland. Nur war die Seele des damaligen Musiklebens in Leipzig nicht der Thomaskantor Doles, sondern sein späterer Nachfolger Johann Adam Hiller, den die Musikgeschichte als den Begründer des deutschen Singspiels und der Gewandhauskonzerte kennt. Der künstlerische Wert dieser Singspiele, zu denen der Dichter Christian Felix Weiße die Texte verfaßte, war nicht eben groß, aber mit ihrem Anschluß an gewisse Lieblingsströmungen der Zeit und ihrer leichten musikalischen Kost hatte sie bald die Massen auf ihrer Seite. Hiller war der Mann des Tages, und wie er auf die Jugend wirkte, beweist eben das Beispiel Goethes. Er gesteht nicht allein, daß ihm und seinen Genossen diese Werke „viel Vergnügen" gemacht hätten, wir finden auch auffallend viele Spuren davon in seiner eigenen Leipziger Lyrik.

Eben diese Lyrik knüpfte aber das Band zwischen ihm und der Musik noch enger. Schon bei seinen ersten Versuchen sehen wir ihn als echten Sohn seiner Zeit dem Grundsatze huldigen, daß jede Lyrik, die nicht zugleich gesungen wird, ihren Zweck verfehlt hat. So suchte und fand er seinen ersten Komponisten in Bernhard Theodor Breitkopf, dem Sohne des bekannten Musikverlegers Gottl. Immanuel Breitkopf, in dessen Hause Goethe damals freundschaftlich verkehrte. Im Oktober 1769 erschienen diese ersten zwanzig Goethischen Lieder in Breitkopfs Komposition im Druck. Offenbar hat sich Goethe in Leipzig überhaupt erstmals mit den Grundfragen des musikalischen Liedes beschäftigt. Auch hierin kam ihm der Genius loci von selbst entgegen, denn seit den Tagen des Sperontes und seiner so überaus erfolgreichen „Singenden Muse an der Pleiße" (zuerst 1736) hatte Leipzig an der an Erfolgen und Fehlschlägen so reichen Entwicklung des norddeutschen Kunstliedes einen regen Anteil genommen, auch als die Führung schließlich auf Berlin übergegangen war. Obgleich Goethe selbst als Komponisten von Liedern nur den einzigen Zachariä nennt, den Dichter des „Renommisten", dürfen wir doch annehmen, daß er auch mit den übrigen Strömungen im norddeutschen Liede im allgemeinen vertraut war.

Straßburg/Wieder in Frankfurt

Der Leipziger Aufenthalt endete mit einer schweren körperlichen und seelischen Krise, die den Studenten zunächst ins Vaterhaus zurückführte; erst im April konnte er seine juristischen Studien in Straßburg fortsetzen. In dieser Zeit tritt die Beschäftigung mit der Musik äußerlich stark zurück. Das einzige, was wir darüber erfahren, ist der Cellounterricht, den er dort bei dem Cellisten Basch nahm. Wir wissen nicht, was ihn zur Wahl dieses Instruments bewog, das damals noch keineswegs das Gesangsinstrument von heute war und erst allmählich aus seiner alten Rolle eines baßführenden Instruments herauszuwachsen begann. Goethes Cellospiel mag wohl aus irgendeinem äußeren Anlaß hervorgegangen sein; jedenfalls bedeutet es in seiner musikalischen Entwicklung nicht mehr als eine flüchtige Episode.

In anderer Hinsicht fällt freilich dieses Straßburger Jahr schwer ins Gewicht. Der junge Goethe trat hier erstmals in den geistigen Bannkreis H e r d e r s, der von allen unsern großen Dichtern und Denkern der Musik innerlich am nächsten stand. Herder hat damals, wie noch zu zeigen sein wird, den musikalischen Schöpfer auch in Goethe geweckt und ihm die musikalische Natur der Poesie überhaupt erst erschlossen. Schon mit dem Volksliede, auf das ihn Herder gleichfalls hinwies, gewann er neue Anschauungen über das Verhältnis von Wort und Ton im Liede. Er streifte hinaus aufs Land, um, wie er selbst später sagte, „aus denen Kehlen der ältesten Mütterchens Volkslieder aufzuhaschen", und stellte sie in bewußten Gegensatz zu den Modeschlagern der damaligen Gesellschaft. Aber noch mehr: das Volkslied begann jetzt auch seine eigene Dichtung zu befruchten, und namentlich hatte er dabei auch die Melodien im Auge. Es kam später noch öfter vor, daß er zu einer Weise, die ihm besonders gefiel, einen eigenen Text dichtete. Nicht nur Volks-, sondern auch

Kunstlieder dienten ihm dabei als Grundlagen; so ist zum Beispiel das Gedicht „Erwache, Friederike" einer Melodie von Joh. Val. Görner untergelegt. Das Lied ist ein Erzeugnis des Sesenheimer Idylls, dessen Bedeutung für Goethes eigene Lyrik und ihren Zusammenhang mit der Musik uns noch näher beschäftigen wird.

Auf das Straßburger Jahr folgten vier weitere in der alten Heimat Frankfurt mit der kurzen Episode in Wetzlar. Das wichtigste musikalische Ereignis aus dieser Zeit ist die Wiederanknüpfung der Beziehungen zum deutschen Singspiel. Der Offenbacher Johann André (1741–1799), ein Komponist, dessen Lieder und Singspiele zwar viel französischen Geist, aber daneben doch einen frischen Sinn für kecke Volkstümlichkeit und drastischen Humor verraten, begeisterte Goethe durch seinen „Töpfer" 1773 derart, daß er für ihn sein erstes eigenes Singspiel „Erwin und Elmire" dichtete. Das Werk wurde im Mai 1775 in Frankfurt mit mäßigen, dagegen schon im Juli in Berlin mit großem Beifall gegeben. Es beweist deutlich, daß Goethe schon damals über den Weiße-Hillerschen Standpunkt erheblich hinaus war; die erneute Bekanntschaft mit den Franzosen, besonders mit dem eben damals in den Zenit seines Ruhmes tretenden Grétry, mag an diesem Fortschritt einen starken Anteil haben.

Auch noch mit einem andern Landsmann spann sich damals das erste Band an: Philipp Christoph Kayser (1755–1823), einer scheuen, mimosenhaften Künstlernatur, in der ein gutes Stück Wertherscher Empfindsamkeit steckte; vielleicht war es gerade dieser Zug, der Goethe immer wieder zu dem ewig Schwankenden hinzog, denn als Künstler erhob sich Kayser kaum über den Durchschnitt und vermochte nur auf dem Gebiet des Zarten und Empfindsamen eigene Töne anzuschlagen.

Goethe war aber durchaus nicht der Mann, der sich auf der Suche nach Komponisten für seine Dichtungen mit kleineren Geistern begnügt hätte. Er richtete jetzt sein Augenmerk auf keinen Geringeren als Gluck, und seine Vertraute, Johanna Fahlmer, setzte sich ums Jahr 1774 mit dem Maler Mannlich in Wien, Glucks Hausgenossen, in Verbindung; er sollte den Meister auf einige Gedichte Goethes aufmerksam machen. Allein Gluck, der gegen unverlangt eingesandte Manuskripte zeitlebens eine starke Abneigung hatte und außerdem damals aufs lebhafteste von dem Kämpfen um die Durchsetzung seiner Kunst in Paris erfüllt war, verhielt sich zunächst vollständig ablehnend. Erst zwei Jahre darauf änderte der hochgebildete und mit den literarischen Strömungen seiner Zeit wohl vertraute Künstler seinen Sinn, ja, er war sogar bereit, „Erwin und Elmire" in Musik zu setzen, ließ sich aber durch den Mangel an geeigneten Sängern in Wien wieder davon abschrecken. Im selben Jahre 1776 wandte er sich an Klopstock und Wieland mit der Bitte, ihm zum Andenken an seine verstorbene Nichte Nannette eine Trauerkantate zu verfassen. Wieland empfahl ihm in den wärmsten Worten Goethe als den geeigneten Dichter. Aber nun war es dieser, dem die von außen bestellte Arbeit widerstrebte: er nahm wohl den Gedanken im allgemeinen auf, was aber dabei herauskam, war keine Trauerkantate für Glucks Nichte, sondern ein selbständiges Kunstwerk, das Monodram „Proserpina". Das letzte Lebenszeichen, das Gluck von Goethe erhielt, war ein durch Herzog Karl August vermittelter Empfehlungsbrief für seinen Freund Kayser, einen glühenden Verehrer Glucks, im Jahre 1780. Aber der Meister war damals soeben von einem Schlaganfall, dem Vorboten seines nahen Todes, betroffen worden, und so blieb auch diese letzte Verbindung zwischen dem Dichter und dem Komponisten ohne Ergebnis.

Weimar und seine Musikpflege

Am 7. November 1775 siedelte Goethe, dem Rufe Herzog Karl Augusts folgend, nach Weimar über. Von dem hellen Glanz, der in den beiden Jahrhunderten nach der Reformation aus den sächsisch-thüringischen Landen auf die deutsche Tonkunst ausgestrahlt war, hatte auch das kleine Residenzstädtchen an der Ilm einen freundlichen Schimmer erhalten. Im siebzehnten Jahrhundert hatte es einen Melchior Vulpius und Georg Neumark in seinen Mauern gesehen, Christoph Bach, der Großvater Sebastians, war hier Organist und Stadtmusikus gewesen, und Sebastian Bach selbst hatte 1703 als Violinist des Prinzen Johann Ernst und von 1708 bis 1717 als Hoforganist und Kammermusikus gewirkt. Dann begann freilich der Ruhm der weimarischen Musik allmählich zu verblassen; immerhin fanden das deutsche Singspiel und die ihm verwandten Bestrebungen noch einen fruchtbaren Boden, und mit der Aufführung von

Wielands und Schweitzers „Alceste" im Jahre 1773 schien Weimar sich in der Entwicklung der deutschen Oper einen wichtigen Platz gesichert zu haben. Da brannte 1774 der Theatersaal ab, die Sehlersche Truppe und mit ihr Schweitzer siedelten nach Gotha über, das Weimarer Musikleben aber fiel unmittelbar vor Goethes Ankunft einer Versumpfung anheim, aus der es weder der Dichter noch sein tatkräftiger Fürst trotz allen Bemühungen jemals völlig zu befreien vermochte. In musikalischer Hinsicht blieb das „klassische" Weimar Goethes und Schillers durchaus „Provinz".

Die Schuld an diesen Verhältnissen, die so grell von denen in Goethes bisherigen Wirkungsstätten abstachen, lag in erster Linie an den offiziellen Vertretern der Musik. Da war der Konzertmeister und spätere Hofkapellmeister Ernst Wilhelm Wolf (1735–1792), ein Schützling der Herzogin Anna Amalie, dessen zweifellos vorhandenes Talent in der musikalischen Enge Weimars allmählich versauerte. Da ihm jeder Drang zum Höheren abging, war er von vornherein für Goethe unbrauchbar; findet sich doch in seinen Liedern kein einziges Gedicht von Goethe. Desselben Geistes Kind war auch der Stadtorganist und Konzertmeister Eylenstein, während im Orchester in den beiden Violinisten Karl Gottl. Göpfert und Kranz wenigstens tüchtige, auch draußen in der Welt bewahrte Vertreter ihres Instrumentes wirkten. Auch mit der Wahl von Franz von Destouches, dem Verfasser verschiedener Schauspielmusiken zu Schillers Dramen, an Stelle Wolfs bewies man keine sonderlich glückliche Hand, und erst mit der Berufung des Leipziger Thomaskantors Aug. Eberh. Müller (1810) und Joh. Nep. Hummels, des Schülers von Mozart und Freundes von Beethoven (1819), kam, auch von Goethe freudig begrüßt, wieder ein frischerer Luftzug in die weimarische Musik. Zu einem näheren freundschaftlichen Verhältnis mit Goethe sind freilich auch diese beiden Musiker nicht gelangt: der Maß eines musikalischen Freundes und Beraters des Dichters war ihnen längst durch zwei auswärtige Künstler vorweggenommen, zuerst durch Reichardt, dann durch Zelter.

Um so mehr Anregung fand Goethe in der Weimarer Hofgesellschaft. Hier zeigte sich deutlich, wieviel mehr trotz aller technischen Mängel ein geistig regsames, von einer reichen musikalischen Kultur erfülltes Dilettantentum für die Musik zu bedeuten hat als ein ideenloses, selbstzufriedenes Musikertum. Alle die Fortschritte, die Goethes Verhältnis zur Tonkunst bis zur Bekanntschaft mit Reichardt 1789 – die italienische Reise natürlich ausgenommen – gemacht hat, verdankte er zum größten Teile diesem Kreise.

Dessen eigentliche Seele war die Herzogin-Mutter A n n a   A m a l i e, die selbst durchaus keine bloße Dilettantin, sondern eine tüchtige Musikerin war. Ihre jüngst wieder bekannt gewordene Komposition von „Erwin und Elmire" erweckt eine außerordentlich günstige Meinung von ihrem Können und Streben, wenn natürlich von wirklichem Schöpfertum noch nicht die Rede sein kann. Das war freilich im Singspiel der Zeit zwischen Hiller und Mozart überhaupt dünn gesät. Für die Herzogin aber war die Musik innerstes Lebensbedürfnis; es verging selten ein Tag, an dem sie nicht, sei es für sich allein oder mit andern zusammen, bei sich ausgiebig musiziert hätte. So ersetzte sie in der Musik am Weimarer Hof den fehlenden leitenden Berufsmusiker. Es ging da zwar patriarchalischer, meist auch lässiger, aber jedenfalls origineller zu als an manchem größeren Hofe, und keiner konnte sich so erlauchter Teilnehmer und Zuhörer rühmen. Man musizierte nicht bloß, sondern besprach auch ästhetische Fragen und suchte besonders die Musik mit dem allgemeinen Geistesleben der Zeit in Zusammenhang zu bringen. Wieland hatte einen lebhaften Sinn für Musik, und von Herders überragendem Verständnis ist bereits die Rede gewesen. Unter den ausübenden Musikern dieses Kreises war bei weitem der begabteste der Kammerherr Siegm. v. Seckendorff, einer der tüchtigsten Musiker der damaligen deutschen Aristokratie, dessen Lieder die des Hofkapellmeisters Wolf weit übertragen. Kein Wunder, daß die ganze Geselligkeit am Weimarer Hofe unter dem Zeichen der Musik stand. Die Familie der Frau v. Stein ist typisch für die damalige Art des Musikbetriebes: sie selbst spielte Klavier und Laute, ihr Gatte Flöte, ihre beiden Brüder Violoncello und Glasharmonika.

Goethe und die Weimarer Musik

So war die Musik in Weimar Goethe trotz allem näher gerückt als in Frankfurt und Leipzig. Er selbst hatte zwar sein Cello nicht mitgebracht und schaffte sich auch kein Klavier an, offenbar weil er sich dem Weimarer Wettbewerb technisch nicht gewachsen fühlte. Um so lieber ließ er sich Vorspielen und bestellte gelegentlich sogar die Leute des Stadtmusikus Eberwein zu sich ins Haus. Sie haben bei der Entstehung der „Iphigenie" eine wichtige Rolle gespielt. „Meine Seele löst sich nach und nach durch die lieblichen Töne aus den Banden der Protokolle und Akten. Ein Quattro neben, in der grünen Stube, sitz' ich und rufe die fernen Gestalten leise herüber. Eine Szene soll sich heut absondern, denk' ich", schreibt Goethe am 22. Februar 1779 an Frau v. Stein.

Auch sein Amt brachte ihn fast täglich mit Musik und Musikfreunden in mehr oder minder nahe Berührung. Er war bald die treibende Kraft im Weimarer Kunstleben und namentlich bei allen geselligen und theatralischen Veranstaltungen der gegebene Leiter. Seitdem die Berufskomödianten Weimar verlassen hatten, waren Hof und Adel in allen Theatersachen auf die eigene Kraft angewiesen. Ab und zu erhielten sie Zuzug aus den Reihen der Hofkapellsänger oder auch der Bürgerschaft. So konnte man sich bald wieder an die leichteren italienischen und französischen Operetten wagen, zumal als es Goethe gelang, die ihm schon von Leipzig her bekannte Sängerin Corona Schröter für Weimar zu gewinnen. Bald spielte das Singspiel und alles, was damit zusammenhing, auch in seinem eigenen Schaffen eine Rolle wie kaum jemals später. „Erwin und Elmire" sowie das „Jahrmarktsfest zu Plundersweilern" wurden von Herzogin Anna Amalie selbst mit Musik versehen; zum Feenspiel „Lila" von 1777 schrieb Seckendorff die Musik, zur „Fischerin", die 1782 zu Tiefurt am Ufer der Ilm im Freien aufgeführt wurde, Corona Schröter. Auch seines Freundes Kayser gedachte Goethe jetzt wieder, schickte ihm neue Lieder zur Komposition nach Zürich und suchte ihn auf seiner Schweizerreise 1779 zur Komposition seines neuen Singspiels „Jery und Bätely" zu veranlassen. Der Briefwechsel, der sich darüber anspann, ist eine der wichtigsten Quellen für Goethes Stellung zum musikalischen Drama überhaupt. Freilich kam Kayser mit der Komposition doch nicht vorwärts, und so wurde das Stück 1780 wiederum mit Seckendorffs Musik aufgeführt. Ein weiteres Singspiel, „Claudine von Villabella" (1775) harrte noch des Komponisten. Auch Rousseaus Musik, das Melodram „Pygmalion", der *„Devin du village"* und die Lieder erregten damals Goethes besondere Aufmerksamkeit.

1783 bekam Weimar wieder eine Operntruppe, die des Dresdeners Bellomo, die vor allem die italienische Buffooper, wenn auch in deutscher Sprache, pflegte. Sofort wandte sich Goethe der neuen Gattung zu, die er in ihren besten Erzeugnissen bald auch in Eisenach und Braunschweig kennenlernte. Er begriff sofort den stilistischen Vorteil, den diese Gattung vor den übrigen durch das Fehlen des gesprochenen Dialogs voraus hatte, und abermals teilte er Kayser seine Anschauungen über diese Art von Dramatik ausführlich mit. Wie immer bei ihm, so blieb es auch hier nicht bei der Theorie: er verfaßte für Kayser einen neuen Text, diesmal nach italienischem Muster, der aber nicht allein für den „engen weimarischen Horizont" bestimmt war, sondern für den „ganzen deutschen, der doch noch beschränkt genug ist". So entstand 1784 die Operette „Scherz, List und Rache", und wiederum war es die Schuld des ewig saumseligen und schwerfälligen Kayser, daß auch dieses Werk schließlich als Ganzes unkomponiert blieb. Ein weiterer Plan derselben Art, „Die ungleichen Hausgenossen", gedieh auch unter des Dichters Händen nicht über ein paar Bruchstücke hinaus.

Italien (1786–1788)

Goethes wachsende Anteilnahme an der italienischen Oper hing bereits mit seiner steigenden Sehnsucht nach Italien zusammen. Sie hat sich bekanntlich durch die Reise von 1786 bis 1788 erfüllt und auch den musikalischen Gesichtskreis des Dichters erheblich erweitert. Trotzdem sehen wir gerade in Italien, dem Ziel und der Sehnsucht der deutschen Musiker seit zwei Jahrhunderten, verglichen mit der letzten Weimarer Zeit, die Musik in Goethes Gedankenkreis verhältnismäßig zurücktreten. Gewiß hat er sich den mannigfachen, von allen Seiten auf ihn einstürmenden musikalischen Eindrücken nicht verschlossen, und es fällt auch für uns manche treffende Beobachtung und manches kluge Wort ab. Trotzdem hat er die musikalischen Quellen lange nicht so tief ausgeschöpft wie die übrigen künstlerischen, und auch seine verschiedenen Beobachtungen bleiben vereinzelt und schließen sich nicht zu einem Gesamtbild von der italienischen Musik zusammen. Der Dichter und der bildende Künstler drängten in Italien den Musiker in ihm zurück, einen musikalischen Führer und Berater aber hat er lange nicht gefunden. Selbst als Freund Kayser im Oktober 1787 in Rom zu ihm stieß, fand er in dem Schweizer Maler Heinrich Meyer einen scharfen Nebenbuhler in Goethes Freundschaft. Immerhin konnte er dem Dichter noch manchen Dienst erweisen; „Scherz, List und Rache" schien wieder einige musikalische Fortschritte zu machen, auch plante Kayser eine Musik zum „Egmont". Goethe aber machte sich an die Umarbeitung seines „Erwin" und seiner „Claudine".

Was ihn am meisten abstieß, war das ernste Musikdrama der Italiener, die *Opera seria*, deren alte Herrlichkeit damals tatsächlich auch zu Grabe zu gehen begann; sie war ihm ein „Ungeheuer ohne Lebenskraft und -saft". Und ebenso machte ihm das neapolitanische Oratorium den Eindruck eines „großen Guckkastens". Selbst von der vordem so gepriesenen *Opera buffa* war er zunächst enttäuscht. Erst bei seinem zweiten römischen Aufenthalt stellte sich, dank den Werken Cimarosas, dessen *„Impresario in angustie"* besonderen Eindruck auf ihn machte, die alte Sympathie für diese Kunstgattung wieder bei ihm ein, und noch einmal knüpften er und Kayser daran die kühnsten Hoffnungen auch für das deutsche „lyrische Theater".

So blieb die Buffooper nach wie vor das einzige Gebiet höherer weltlicher Kunstübung in Italien, das Goethe tiefer zu fesseln vermochte. Dagegen führte ihn

Kayser gelegentlich der kirchlichen Veranstaltungen in der Karwoche 1788 in den Stil der altitalienischen Kirchenmusik ein, und die Briefe Goethes bezeugen zur Genüge den gewaltigen Eindruck, den diese Kunst auf ihn machte; er fand darin etwas „ganz Außerordentliches" und einen „ganz neuen Begriff". Dagegen wirkte das Oratorium „Saul", das er in dem Mädchenkonservatorium *dei mendicanti* gleich zu Anfang in Venedig hörte, auf ihn mehr durch den Reiz der Neuheit, ähnlich wie die merkwürdigen geistlichen Dialoge mit ihrer naiven Sinnlichkeit, die in Rom von herumziehenden Sängern vorgetragen wurden.

Seine alte Vorliebe für Volksmusik hat ihn auch nach Italien begleitet. So ließ er sich in Venedig die alten Schiffergesänge auf Verse von Ariost und Tasso vorsingen, strophische Wechselgesänge zweier Gondolieri, die schon damals nur noch selten zu hören waren, und mischte sich auch in Rom gerne unter das Volk, um seine gespielten und gesungenen Serenaden, seine Gassenhauer und „Ritornelli" zu belauschen.

Unter den Kunstschätzen, die Goethe am 18. Juni 1788 nach Weimar mitbrachte, befanden sich auch Musikalien, vor allem alte Kirchenmusik, die Kayser dem Freunde so nahe gebracht hatte. Bald darauf trat zwischen beiden die Entfremdung ein, die wohl ihren letzten Grund in Kaysers verunglückter Komposition der italienischen Oper hatte. Aber schon 1789 fand sich der Ersatzmann für Kayser in dem ungleich regeren und begabteren J o h. F r i e d r i c h R e i c h a r d t.

Rückkehr nach Weimar / J. F. Reichardt

Reichardt war ein echter Sohn seiner Zeit, ein genialischer, ewig unruhiger Kopf, als Künstler wie als Mensch voll geistreicher Einfälle, dabei aber launisch und unzuverlässig und vor allem sittlich keineswegs einwandfrei. Er war in aller Herren Ländern herumgekommen und hatte Frankreich, England, Italien und ganz Deutschland bereist; die Hauptstätte seiner Tätigkeit aber war Berlin, dessen Musikleben ihm schon unter Friedrich dem Großen und noch mehr unter Friedrich Wilhelm II. außerordentlich viel zu verdanken hatte. Seine Sympathie mit der französischen Revolution kostete ihn 1794 auch diese Stellung. Den Rest seines Lebens verbrachte er auf seinem Landsitz zu Giebichenstein bei Halle als Salineninspektor, doch wurde auch diese Zeit durch verschiedene Reisen und ein kurzes Kapellmeisteramt bei König Jérome in Kassel unterbrochen. Neben einer umfangreichen und bedeutenden schriftstellerischen Tätigkeit entfaltete Reichardt auf allen Gebieten der Komposition eine staunenswerte Fruchtbarkeit. Seine Hauptstärke lag in der dramatischen Musik und im Liede; dort sehen wir ihn mehr und mehr um die Sonne Glucks kreisen, hier ging er vom Boden der Berliner Schule aus, war aber einer der ersten, die ihre Grundsätze durch den systematischen Anschluß an die klassische Dichtung, vor allem an Goethe, erweiterten und dadurch das ganze norddeutsche Lied verjüngten.

Es ist kein Zweifel, daß Goethe neben Gluck das größte künstlerische Erlebnis Reichardts gewesen ist.

Und Reichardt war nicht der Mann, es bei einer platonischen Verehrung aus der Ferne bewenden zu lassen. Im Frühjahr 1789 kündigte er dein Dichter kurzerhand seinen Besuch in Weimar an, wobei er eine fertige Komposition der „Claudine von Villabella" mitzubringen verhieß. Goethe sah diesem Besuch des ihm bereits als zudringlicher und zweifelhafter Charakter geschilderten Musikers mit recht gemischten Gefühlen entgegen, indessen gelang es dem Vielgewandten doch, die Zuneigung des Dichters im Fluge zu gewinnen. Jetzt glaubte dieser wirklich gefunden zu haben, was er bei Kayser so lange vergeblich gesucht hatte, und Reichardts Geist, seine hohe Allgemeinbildung und kluge Anpassungsfähigkeit taten das Ihre, um den neuen Freundschaftsbund zu vollenden. Goethe gab dem Komponisten eine ganze Anzahl seiner neuen Lieder, und dieser nahm sich nach der Berliner Ausführung der „Claudine" vor, sämtliche Singspiele Goethes in Musik zu setzen. Noch einmal wurde in Goethe der Drang zur Operndichtung mit Macht lebendig. Die schon früher erwogene Halsbandkomödie, aus der dann schließlich 1791 das Lustspiel „Der Großkophta" wurde, tauchte jetzt wieder auf, dann trat der Gedanke an ein Ossiansches und an ein nordisch-mythologisches Musikdrama hinzu, die Reichardt komponieren sollte.

Zu alledem kam jetzt noch, daß Herzog Karl August seinen längst gehegten Plan, die Bellomosche Truppe durch ein eigenes, ständiges Hoftheater zu ersetzen, unter Beratung Reichardts 1791 verwirklichte und

Goethe die Oberleitung übertrug. So kam dieser von Amts wegen in unmittelbare Berührung mit der zeitgenössischen Opernproduktion. Die Italiener erhielten wiederum den Vortritt. Christian August Vulpius, Goethes späterer Schwager, übersetzte und bearbeitete die Stücke unter Aufsicht und gelegentlicher Mitwirkung Goethes selbst, der zum Kapellmeister aufgerückte Konzertmeister Kranz hatte die Musik einzurichten. Was die deutschen Erzeugnisse anbetrifft, so ist bezeichnend, daß die norddeutschen Singspielkomponisten stark gegen ihre Wiener Kollegen zurücktraten, namentlich gegen Dittersdorf; von 1791 bis 1794 bürgerte sich auch Mozart mit seinen vier Hauptopern Entführung, Figaro, Don Juan und Zauberflöte) in Weimar ein.

Unterdessen warf sich Reichardt mit erneutem Eifer auf die Komposition Goethischer Poesien und machte sich dadurch um deren Verbreitung äußerst verdient. Trotzdem ist es auch ihm nicht gelungen, Goethe völlig für seine musikalischen Pläne zu gewinnen. Dessen Opernarbeiten mußten diesmal hinter seinen naturwissenschaftlichen Studien zurückstehen, und schließlich verscherzte sich Reichardt auch seine persönliche Gunst gründlich, als er seinen revolutionären Gesinnungen in verschiedenen politischen Aufsätzen Luft machte und über Fürsten und „Fürstenknechte" loszuziehen begann. Dazu kam nunmehr Goethes Freundschaft mit S c h i l l e r, dem Reichardts Persönlichkeit in tiefster Seele verhaßt war, und das schließliche Ergebnis war ein völliger Bruch mit dem „falschen

Freunde". Als 1796 die Xenien der beiden Dichter erschienen, sah sich Reichardt darin als „böses Insekt", „demokratischer Spitz", „Baalspfaffe" und dergleichen gebrandmarkt. Natürlich blieb er die Antwort darauf nicht schuldig und spielte zunächst die gekränkte Unschuld, mit dem Hintergedanken, durch eine gelindere Behandlung Goethes diesen doch wieder auf seine Seite zu ziehen. Aber der Riß blieb. Es kam zwar um die Jahrhundertwende wieder zu einer persönlichen Aussöhnung zwischen beiden, aber die alte Stellung als musikalischer Anreger und Berater Goethes hat Reichardt nicht wiedergewonnen. Sie war bereits an einen anderen Musiker vergeben: K a r l F r i e d r i c h Z e l t e r.

Die Freundschaft mit Zelter

Zelter war eine ganz andere Künstlernatur als Reichardt, ein in gut bürgerlichen Verhältnissen erzogener, seßhafter, stetiger Charakter, dem nichts ferner lag als das ewige Umherziehen, Überdiesträngeschlagen und Sichhervordrängen Reichardts. Dabei war er jedoch nichts weniger als ein Philister, sondern eine innerlich freie Persönlichkeit, derb und geradeheraus, dabei voll frischer Laune und gesunden markischen Humors, ein Mann von echter Begeisterungsfähigkeit, die gegenüber Goethe zu einer geradezu rührenden „Schwärmerei" wurde. 1758 als Sohn eines Maurermeisters geboren, sollte er zunächst gleichfalls Maurermeister – heute würde man vornehmer Architekt sagen – werden und hat es auch bis zum „Meister" gebracht. Aber der innere

Drang zur Musik, der ihn zum Schüler Karl Friedrich Faschs, des Begründers der Berliner Singakademie, gemacht hatte, behielt schließlich nach hartem Kampfe mit dem Pater die Oberhand, und so konnte Zelter seinen alten und kränklichen Lehrer bei den Übungen seines jungen Instituts wirksam unterstützen. Hatte Reichardt ein besonderes schriftstellerisches Talent, so besaß Zelter ein ausgesprochen organisatorisches, das sich später bei seiner Übernahme der Singakademie (1800), bei der Begründung der Liedertafel (1809) und des Berliner Kirchenmusikinstituts (1819), auch bei seiner Denkschrift über die Förderung der Musik in den preußischen Staaten (1804) aufs beste bewährt hat.

Als Komponist war Zelter insofern ein echter Berliner, als er der Theorie und überhaupt der „Schule" in der Kunst besonderen Wert beimaß. Das hat ihm schon zu seinen Lebzeiten und der Berliner Schule überhaupt bis tief ins neunzehnte Jahrhundert hinein zu großem Ansehen verholfen; allerdings lagen hier auch die Grenzen seines Künstlertums. Er war gewiß kein Genie, und die wirklich großen und hinreißenden Eingebungen waren bei ihm weit seltener als bei Reichardt. Aber seine Kunst hat, soweit es sich um Lied und Männerchor handelt, Charakter und ihren eigenen selbständigen Ton. Nur wer diese Werke nicht kennt, bringt es fertig, von Trockenheit, Phantasiearmut oder gar Humorlosigkeit zu reden. Im Liede war Zelter zudem alles eher als rückschrittlich: er hat nicht allein den Anschluß an das echte Volkslied stärker betont als alle seine Zeitgenossen, Schuh vielleicht ausgenommen, sondern ist auch für die Entwicklung der freien Formen des Liedes besonders wichtig geworden. Daß er mit etwa fünfzig Jahren seine Kunstanschauung im Wesentlichen abgeschlossen hatte und somit Meistern wie Beethoven und Schubert nicht mehr voll gerecht zu werden vermochte, sei ihm nicht allzusehr verargt. Wenn zwei derartige Größen heute unter uns aufstünden, so wäre mit Sicherheit zu erwarten, daß sie von vielen musikverständigen Laien und auch von tüchtigen Musikern nicht anders beurteilt würden, namentlich auch von solchen, die heutzutage über den armen Zelter selbstgerecht den Stab brechen.

Goethe wurde auf Zelter aufmerksam durch die Komposition eines Gedichts von Friederike Brun in Reichardts „Musikalischer Blumenlese" von 1795; wiederum zeichnete er die Melodie dadurch aus, daß er ihr eigene, neue Verse unterlegte. Von da ab behielt er den Meister, der namentlich auch Schillers Beifall hatte, beständig im Auge. Zelters Phantasie aber entzündete sich je länger je mehr an Goethes Poesie. Schon spann sich ein Briefwechsel an, worin bei Zelter der Wunsch nach einem Operntext von Goethe laut wurde· Tatsächlich hatte sich Goethe schon 1795 mit dem Gedanken getragen, zu Mozarts „Zauberflöte" einen zweiten Teil zu dichten, um den sich bald daraus Wranitzky in Wien und Iffland in Berlin bewarben. Er kam, wie eine Choroper „Die Danaiden", nicht über einige Ansätze hinaus, einesteils weil Schiller davon abriet, andernteils weil Goethe die ganz richtige Ansicht hatte, daß ein Gelingen nur bei engem Zusammenarbeiten mit einem

Komponisten für ein bestimmtes Theater möglich sei.

Erst 1802 lernte er Zelter in Weimar persönlich kennen, und bald war die innige Freundschaft geschlossen, die nunmehr dreißig Jahre bis zu beider Tode anhielt. Für Zelter wurde sie mehr und mehr zum eigentlichen Inhalt seines Lebens. Alles, was er an idealem Streben in seiner Brust fühlte, verknüpfte sich fortan mit Goethes Namen. Jetzt erst zeigte sich, welchen Maßes von Begeisterung und Hingabe dieser rauhe und derbe Mann fähig war. Man glaubt ihn oft nicht wiederzuerkennen, so mädchenhaft schwärmerisch und zart tritt er dem Freunde gegenüber, als dessen geistiges Geschöpf er sich mehr und mehr betrachtete; gab es doch Stunden, wo er sich ihm auch musikalisch weit unterlegen fühlte. Auf der andern Seite erfüllte ihn Goethes Freundschaft mit besonderem Stolz; er fühlte sich dadurch über sich selbst hinausgehoben und in Goethes geistige Nähe gerückt und verlieh dem gelegentlich einen höchst naiven Ausdruck.

Goethe hatte seine Freude an der offenen, zuverlässigen Art des Mannes und an seiner ehrlichen Begeisterung für ihn. „Wenn die Tüchtigkeit sich aus der Welt verlöre, so könnte man sie durch ihn wiederherstellen", schrieb er 1805 an den Herzog. Zelter war der einzige Vertraute, dem der alternde Goethe im weiteren Verlauf das brüderliche Du angeboten hat. Allerdings war sein Verhältnis zu Zelter von Anfang an ein anderes als zu Kayser und Reichardt. In Kayser hatte er ein Abbild von Zügen seines eigenen damaligen Wesens geliebt, Reichardt hatte ihn halb wider seinen Willen durch seinen sprühenden Geist, seine umfassende Bildung und sein bestechendes Talent mit sich fortgerissen. Von beiden hatte er noch eine Ergänzung seines eigenen Wesens, und zwar nicht allein nach der musikalischen Seite, erhofft. Zu Zelter stand er von Anfang an erheblich anders. Seine persönliche Liebe und Dankbarkeit gegen ihn ist über jeden Zweifel erhaben, aber er war sich dabei genau bewußt, daß er in ihm wohl einen treuen Berater auf dem Sondergebiet der Musik gefunden hatte, aber keinen Genossen, der sein innerstes Wesen nachzufühlen und zu verstehen imstande gewesen wäre. Auch das Verhältnis des alternden Dichters zur Musik hat sich durch Zelter wohl im einzelnen noch erweitert, aber in seinen Grundzügen nicht mehr geändert. Sein Bestreben, die gesamte Bildung seiner Zeit sich anzueignen und mit seinem eigenen Geiste zu durchdringen, fand bei Zelter, was die Musik betraf, wohl Verständnis und tatkräftige Unterstützung, aber die Stellung, die in diesem Weltbilde der Musik zuviel, stand für ihn bereits so fest gegründet, daß Zelter, selbst wenn er gewollt hätte, nichts mehr daran zu ändern vermocht hätte. Das war aber auch gar nicht Zelters Absicht. Das ganze Geheimnis seiner Freundschaft mit Goethe liegt vielmehr darin, daß Zelters Verhältnis zur Musik im Grunde genommen genau dasselbe war wie das des Dichters, nur daß er als eigentlicher Fachmann viele Dinge klarer sah und besser zu begründen vermochte. Man mag darum seinen Einfluß noch so hoch anschlagen, er bestand doch nicht etwa in einer neuen Musikanschauung, die er Goethe vermittelt hätte, sondern in der Bekräftigung von Ideen und Grundsätzen, die bereits vorher in Goethes Innerm schlummerten. Zelter hat ihm sozusagen seine Träume gedeutet, soweit sie die Musik betrafen, und dazu war er, der theoretisch und geschichtlich vorzüglich beschlagene Berliner, gerade der richtige Mann. Man vergleiche nur einmal Goethes Briefe an ihn mit denen an Kayser: der unmittelbare Gefühlston, der sich dem einzelnen Eindruck hingibt, weicht einer weit gedrängteren Art, die die Überblicke über ganze Kapitel aus der Kunstlehre liebt. Und Zelter geht willig darauf ein: auch ihm ist es ein besonderes Bedürfnis und ein Gefühl des Stolzes obendrein, sein theoretisches Wissen in dieser Weise an den Mann bringen zu können. Damit sind aber auch jene törichten Vorwürfe hinfällig, daß Zelter den Dichter gegen die damals modernste Musik, besonders gegen Beethoven, voreingenommen oder gar aufgehetzt hätte. Das war gar nicht mehr nötig, denn Dichter und Musiker standen beide gleichermaßen diesseits der großen Kluft, die ihre Zeit von jener neuen Kunst schied.

Goethes Hausmusik/ Beziehungen zu Beethoven und andern zeitgenössischen Meistern

Unterdessen ging das Weimarer Opernleben unter Goethes Oberleitung seinen gewohnten Gang weiter, ohne daß er an diesem durch allerhand kleine Nöte und Klatschgeschichten gewürzten Stilleben besondere

Freude gehabt hätte. Im Mai 1807 klagte er sogar dem Freunde, es sei „in ihm aller Klang und Sang verschwunden, sowie alle Imagination, die sich auf Musik bezieht". Da er von der „Operette" keine Besserung dieses Zustandes erwartete, so setzte er, in Erinnerung an alte römische Eindrücke und an die damalige Tätigkeit Zelters, seine Hoffnung auf eine andre Quelle musikalischen Genusses, die es freilich erst zu erschließen galt. Er begründete nämlich noch im selben Jahre eine eigene vokale Hausmusik, die sich zunächst aus wenigen befreundeten Sängern und Sängerinnen zusammensetzte und ihre wöchentlichen Übungen in Frau Christianes Zimmer abhielt; den Beschluß bildete ein einfaches Mahl. Als musikalischer *spiritus rector* tat sich dabei sehr bald der junge Sohn des Stadtmusikus, Karl Eberwein, hervor, den Goethe 1808 und 1809 auf einige Zeit in die Lehre Zelters nach Berlin schickte. Der junge Verein blühte in kurzem dergestalt auf, daß er weit über Goethes Häuslichkeit hinaus für das Weimar" Kunstleben Bedeutung erlangte. Man begann meist mit Kirchenmusik und ging dann über die weltliche Musik ernster Art, wobei Zelter, Reichardt und Eberwein stark vertreten waren, schließlich zu Proben komischer Musik über. Bei den weltlichen Nummern pflegte Goethe selbst mit Anweisungen über Tempo und Vortrag einzugreifen. Im Jahre 1810 veranstaltete der Verein sogar erstmals eine Ausführung im Theater, wenn auch vor geladenen Gästen. Er blieb bis in die letzte Zeit eine Hauptquelle für Goethes Musikgenuß. Der Dichter liebte, auch hierin ein echter Sohn des achtzehnten Jahrhunderts, dieses zwanglose, gesellige Musizieren. Mit großer Freude begrüßte er deshalb auch die Begründung der Berliner Liedertafel durch Freund Zelter und schickte ihm für seine Schar eine ganze Anzahl heiterer Dichtungen, darunter das bekannte *Ergo bibamus*.

Um dieselbe Zeit klopfte aber auch die modernste Kunst vernehmlich an Goethes Tür. Seine Poesie zog die jungen Musiker immer mächtiger an, die Zahl der Kompositionen Goethischer Dichtungen wuchs mit jedem Jahr, und die Künstler strebten danach, mit dem Dichter brieflich oder persönlich in Verbindung zu treten. Der erste, der in Weimar in einem Hofkonzert auftrat und Goethe persönlich kennen lernte, war der damals dreiundzwanzigjährige Gothaer Kapellmeister L o u i s S p o h r, dessen dramatischer Erstling „Alruna" 1808 sogar auf dem Weimarer Theater probiert, aber dann vom Komponisten selbst wieder zurückgezogen wurde. Goethe war mit der Musik zufrieden, hatte aber am Texte mancherlei auszusetzen; einen tieferen Eindruck hatte er von dem jugendlichen Künstler nicht.

B e e t h o v e n hatte schon in seiner Bonner Jugendzeit einzelne Goethische Gedichte in Musik gesetzt und war auch später immer wieder zu dem Dichter zurückgekehrt, für den er eine steigende Verehrung im Herzen trug. Am ergiebigsten waren an Goetheliedern die Jahre 1809 und 1810 (mit op.75 und 83), vor allem aber fällt in das Jahr 1810 die Komposition der Egmontmusik. Sie war es, die in ihm den

Wunsch einer persönlichen Bekanntschaft mit Goethe wachrief. Es war dasselbe Jahr, da der Dichter aus dem Munde Bettina Brentanos Beethovens Kunst in den überschwenglichsten Tönen preisen hörte. Die phantasievolle Schwärmerin mag bei dieser Gelegenheit nach Kräften ausgeschmückt haben, ihr Verdienst bleibt es aber doch, die Verbindung zwischen den beiden großen Männern hergestellt zu haben.

Goethe hatte bis dahin von Beethovens Werken nur wenig gekannt. In Weimar trat unter seiner Ägide die Spielmusik überhaupt stark gegen die Gesangsmusik zurück, und der Aufschwung der klassischen Sinfonie und Sonate fand lange kaum Beachtung. Für Goethe mußte also Beethoven etwas ganz Neues, ein „neuer Begriff" sein. Zelter hatte ihn schon 1796 in Berlin kennen gelernt und von seiner Kunst der freien Phantasie den stärksten Eindruck gehabt. Dagegen witterte er hinter seinen Kompositionen einen bösen Romantiker, das Seitenstück zu den Goethe so gründlich verdächtigen Arnim, Brentano, Ohlenschläger und Genossen, und machte auch Goethe gegenüber aus dieser Ansicht kein Hehl. So mochte dieser nach so entgegengesetzten Urteilen recht gespannt gewesen sein, als er im Frühjahr 1811 von Beethoven einen Brief erhielt, der ihm die Übersendung der Egmontmusik ankündigte, mit der Bitte um sein Urteil darüber. Freilich hatte der Tondichter da mehr versprochen, als er zunächst halten konnte, denn mit dem Stich seiner Partitur ging es recht langsam vorwärts. Doch war Goethe durch Beethovens Wiener Gönner, die Fürsten Lichnowsky und Kinsky, so günstig für ihn gestimmt worden, daß er ihn sogar zu sich nach Weimar einlud. Beethoven konnte der Einladung nicht Folge leisten, dagegen kam es im Juli 1812 zu der berühmten persönlichen Begegnung beider im böhmischen Badeorte Teplitz, die lange Zeit durch einen ganzen Wust mehr oder minder geschmackloser Anekdoten entstellt war und erst in neuerer Zeit in ihrem Verlauf aufgeklärt worden ist. Schon am 19. Juli schreibt Goethe seiner Frau: „Zusammengeraffter, energischer, inniger habe ich noch keinen Künstler gesehen" und verzeichnet am 21.: „Er spielte köstlich." Vom 19. bis 23. Juli sind beide nachgewiesenermaßen viermal zusammengetroffen. Am 27. mußte Beethoven auf ärztliches Geheiß wieder abreisen, doch ist er Goethe später, in der Zeit vom 8. bis 11. September, in Karlsbad abermals begegnet.

Den Nachhall dieser Begegnung kennen wir aus den Briefen beider. Beethoven schrieb am 9. August an Breitkopf und Härtel in Leipzig: „Goethe behagt die Hofluft zu sehr, mehr als es einem Dichter ziemt. Es ist nicht viel mehr über die Lächerlichkeiten der Virtuosen hier zu reden, wenn Dichter, die als die ersten Lehrer der Nation angesehen sein sollten, über diesem Schimmer alles andre vergessen können." Und Goethe schrieb am 2. September an Zelter: „Sein Talent hat mich in Erstaunen gesetzt; allein er ist leider eine ganz ungebändigte Persönlichkeit, die zwar gar nicht unrecht hat, wenn sie die Welt detestabel findet, aber sie freilich dadurch weder für sich noch für andre genußreicher macht. Sehr zu entschuldigen ist er hingegen und sehr zu bedauern, da ihn sein Gehör verläßt, das vielleicht dem musikalischen Teil seines Wesens weniger als dem geselligen schadet. Er, der ohnehin lakonischer Natur ist, wird es nun doppelt durch diesen Mangel." Dieses Urteil ist entschieden von einem tieferen Blick eingesehen als die Antwort Zelters darauf, die nur ungleich geschraubter, aber flacher dasselbe sagt. Alle übrigen Geschichten gehören der Legende an, die eine Zeitlang bis zur unfreiwilligen Parodie auf das Wesen beider Männer ging und das ganze Zusammentreffen zu einem grotesken Disput zwischen einem flegelhaften Republikaner und einem empfindlichen aristokratischen Formenwächter herabwürdigte.

Gewiß hat der Unterschied der allgemeinen und gesellschaftlichen Bildung dabei eine große Rolle gespielt. Aber er bildete doch nicht den eigentlichen Grund dafür, warum sich die beiden Künstler trotz aller ehrlich gemeinten gegenseitigen Hochschätzung innerlich nicht näherkamen. Schon einmal hatte es Goethe mit einer ihm zunächst recht unsympathischen, „ungebändigten" Natur zu tun gehabt: mit Schiller, und sich nachher von ihm doch erobern lassen. Es war vielmehr der tiefgreifende Unterschied in ihrem ganzen Verhältnis zur Tonkunst, der sie trennte und uns noch näher zu beschäftigen haben wird. Was die Musik für Beethoven war, konnte sie für Goethe nun und nimmer sein; alte und neue Zeit trafen hier schroff aufeinander. Was Goethe dagegen von dem Menschen Beethoven sagt, offenbart den feinen Menschenkenner, und seine Worte über sein Gehörleiden außerdem einen weit über den Durchschnitt hervorragenden Beurteiler.

So blieb es fernerhin auf seiten Beethovens bei einer warmen Verehrung aus der Ferne, auf der Goethes bei einer scheuen Hochachtung. Jedoch war damit Beethovens Kunst für ihn keineswegs auf immer abgetan, sondern zog ihn immer wieder, wenn auch halb gegen seinen Willen, in ihren Bann, und wir sehen ihn zwischen Ablehnung und Zustimmung seltsam hin und her schwanken. Man darf außerdem nicht vergessen, daß der Dichter im Jahre 1812 dreiundsechzig Jahre zählte, also in einem Alter stand, wo sehr viele Leute auch noch heute auf ihren „fertigen" Kunstgeschmack stolz zu sein pflegen. Die Gelegenheiten, Beethovensche Musik, namentlich auch seine Sinfonien, zu hören, mehrten sich in Weimar, namentlich als Hummel Kapellmeister wurde, und auch Goethes Suleika, Marianne v. Willemer, verfehlte nicht, ihn auf Beethoven hinzuweisen, der ihn wie niemand verstünde. Halb widerwillig erkannte er das auch an. Aber als ihm 1830 der junge Mendelssohn den ersten Satz der Fünften Sinfonie vorspielte, fand er ihn „sehr groß", aber auch „ganz toll" – man sieht wiederum, daß ihn diese Kunst ebenso reizte wie abstieß. Es war derselbe Standpunkt, den auch Spohr und der junge Weber vertraten. Zelter aber hat in höherem Alter, wenn auch gleichfalls nicht ohne Vorbehalte, noch seinen endgültigen Frieden mit Beethoven geschlossen.

K. M. v. Weber hatte sich 1812 mit dem Klarinettisten Bärmann gleichfalls in Weimar hören lassen, ohne daß der damals Sechsundzwanzigjährige besonderen Eindruck auf Goethe gemacht hätte. Später bildete sich bei diesem sogar eine deutliche Abneigung gegen den Komponisten heraus, der ihm wegen seines unruhigen Lebens und seiner Freiheitslieder verdächtig schien. Der „Freischütz" wurde in Weimar zwar mit dem gewohnten Beifall aufgeführt, aber Goethe nahm nicht die geringste Notiz von ihm[1] und über den „Oberon" lautete sein Urteil 1829 einfach: „Viel Lärm um nichts." Ebenso war 1825 ein erneuter Besuch Webers in Weimar ergebnislos verlaufen; er war und blieb für Goethe ein Vertreter der ihm so gründlich verhaßten Romantik.

1820 kam der junge K a r l L o e w e nach Weimar und brachte sein op. 1, den „Erlkönig", mit, mußte jedoch, da Goethe kein Klavier besaß, unverrichteter Dinge wieder abziehen. 1825 aber erhielt Goethe von dem achtundzwanzigjährigen S c h u b e r t aus Wien dessen op. 19, darunter den „Schwager Kronos" und den „Ganymed", samt einem untertänigen Begleitbrief übersandt. Die Sendung blieb ohne Antwort. Man darf aber nicht vergessen, daß Goethe mit derartigen Liederheften von jungen Komponisten, von denen so viele aus dem Namen des großen Dichters für ihre eigene Kunst Kapital zu schlagen suchten, förmlich überlaufen wurde. Der junge Schullehrerssohn aus Wien war außerdem damals auch in seiner Heimat weiteren Kreisen so ziemlich unbekannt; einen wirksamen Fürsprecher bei Goethe besaß er nicht – wie hätte er somit auf die Teilnahme des Sechsundsiebzigjährigen hoffen dürfen? Nur einmal, 1830, hören wir noch von Schubert in Goethes Leben, als ihm die S c h r ö d e r -D e v r i e n t den „Erlkönig",

---

[1] Später setzte er den Erfolg der Oper zu einem guten Teil auf die Vorzüge des Textes.

der ihm vorher gar nicht zugesagt hatte, näherzubringen vermochte.

Die letzten Jahre

Bis 1817 hat Goethe die Leitung des Theaters geführt und sich dabei von Amte wegen nachdrücklich auch mit der Oper beschäftigt, die er bereits 1808 in einer Denkschrift über das Weimarer Theater auch von ihrer geschichtlichen Seite behandelt hatte. 1790 war außerdem das Faustfragment erschienen, 1808 folgte der ganze erste Teil. Nicht nur die darein eingelegten Lieder reizten die Komponisten, sondern der ganze Stoff, der der „romantischen" Richtung im damaligen Singspiel wie von selbst entgegenzukommen schien. Bereits die erste Faustoper, von Hch. Schmieder gedichtet und von Jgn. Walter komponiert – sie wurde in den neunziger Jahren aufgeführt –, schlachtet die Dichtung Goethes ganz unverfroren aus; sie ist indessen dem Dichter wohl nie zu Gesicht gekommen. Dagegen nahm er immer stärkeren Anteil an den Versuchen, der Musik in seiner Dichtung eine über die eigentlichen Lieder hinausreichende Stellung zu verschaffen; ja, er legte sogar gelegentlich selbst mit Hand an, indem er einzelne Partien für diese Zwecke umdichtete, so für den Fürsten Anton R a d z i w i l l, dessen schon 1810 begonnene Faustmusik sich in verschiedenen Absätzen bis zum Jahre ihres Erscheinens, 1834, hinzog, und bald darauf für Karl Eberwein, für den er die ersten Szenen des Dramas zunächst für die Komposition als Melodram zusammenzog. Eberwein vermochte zu des Dichters Verdruß diese Aufgabe nicht zu bewältigen, hat aber im weiteren Verlaufe doch noch eine Faustmusik geschrieben. Die *„Huit Scènes de Faust"*, die Goethe 1828 als op. 1 von Hector B e r l i o z zugesandt erhielt, blieben unbeantwortet, nachdem Zelter ein äußerst abfälliges Urteil darüber abgegeben hatte.

Auch Goethes eigene Tätigkeit für die Oper kam während dieser Jahre nicht zur Ruhe. 1814 taucht der Plan einer Dichtung „Der Löwenstuhl" auf, zwei Jahre darauf, in der Zeit des Westöstlichen Diwans, ein orientalischer Stoff „Feradeddin und Kolaila"; aber bei jener fehlte die wirksame Verbindung mit dem in Aussicht genommenen Komponisten B. A. Weber und der Berliner Bühne, für die das Werk bestimmt war, bei diesem ein geeigneter Musiker überhaupt, und so blieben beide in den Anfängen stecken. Trotzdem blieb der Geist der Oper bei Goethe nach wie vor lebendig. Werke wie „Des Epimenides Erwachen", „Pandora" und vor allem der zweite Teil des „Faust" legen beredte Zeugnisse dafür ab. Hat Goethe doch eine Zeitlang die Gestalt der Helena zwei Darstellerinnen, einer Schauspielerin und einer Sängerin, zugedacht. Der Komponist dazu war freilich schwer zu finden; Meyerbeer wird dabei erwähnt, aber bald wieder verworfen. Das resignierte Ergebnis war schließlich: „Mozart hätte den Faust komponieren müssen."

Dabei suchte Goethe mehr und mehr der Musik auch auf theoretischen; Wege beizukommen. Seine naturwissenschaftlichen Studien wiesen ihn von selbst darauf hin. So wurden schon 1808 mit Zelter Erörterungen über akustischer Probleme, über den Unterschied von Dur und Moll und dergleichen ausgetauscht, und 1814 kam Goethe durch den Verkehr mit seinem Verwandten, dem jungen Naturwissenschaftler Schlosser, sogar auf den Gedanken einer Tonlehre, als Seitenstück zu seiner Farbenlehre; er hat sich zu diesem Zwecke auch mit dem Mathematiker Werneburg und dem Akustiker Chladny auseinandergesetzt. Auch die Geschichte der Musik ließ er nicht aus dem Auge, sprach mit dem Philologen Fr. A. Wolf über griechische Musik und ließ sich von Zeller über die späteren Epochen beraten, ja, er gab ihm sogar einmal den Rat, eine Geschichte der Musik zu schreiben. Zelter war es auch, der Goethe die Bekanntschaft mit S e b a s t i a n B a c h vermittelte.

Zu Bach hat sich Goethe immer wieder hingezogen gefühlt, wie er auch für den protestantischen Choral stets ein warmes Herz hatte. Er ließ sich gerne Bachsche Präludien und Fugen vorspielen, erwarb sich eine eigene Abschrift des „Wohltemperierten Klaviers" und nahm regen Anteil an der berühmten Aufführung der Matthäuspassion in Berlin im Jahre 1829. Wie er an Zelter schrieb, war es ihm damals, „als wenn er von ferne das Meer brausen hörte". Von Händel hatte er schon 1780/1781 das „Alexanderfest" und den „Messias" kennen gelernt und dabei „neue Ideen von Deklamation" gewonnen. Auch diesem Meister blieb er treu und äußerte sich noch 1829 über die Texte des „Samson" und „Judas", den er wegen seines aus der Knechtschaft zur Befreiung führenden Grundgedankens besonders günstig für die Musik fand.

Goethes letztes Jahrzehnt verlief unter häufiger Erörterung musikwissenschaftlicher Fragen aller Art, die entweder an gehörte Werke oder an Bücher anknüpften. Seine Hausmusik, an der jetzt auch seine Familie teilnahm, blühte unter Eberweins Leitung weiter; sie feierte seine Ehrentage durch besondere Ausführungen und trug ihm stets Stücke, die er gerade wünschte, vor, so im Jahre 1824 Bruchstücke aus Handels „Messias". Außerdem besuchte ihn eine stattliche Reihe namhafter Virtuosen, so außer den bereits genannten die Pianistin Szymanowska, Ferdinand Hiller, Adolf Henselt, Spontini, Paganini, die Sängerinnen Henriette Sonntag und Anna Milder-Hauptmann, Friedrich Wieck mit seiner Tochter Klara und der willkommenste von allen, der junge Felix Mendelssohn-Bartholdy, der Schüler Zelters, der ihn am 4. Oktober 1821 persönlich in Weimar einführte. Der damals zwölfjährige Knabe versetzte den alten Dichter durch sein Spiel in helle Begeisterung und ließ sich auch als Komponist hören. Kein Wunder, daß in Goethes Seele die Erinnerung an den siebenjährigen Mozart und sein Frankfurter Spiel aufmachte. Mendelssohn hat seinen Besuch noch dreimal, 1822, 1825 und 1830, wiederholt und sich jedesmal ausgiebig auf dem Flügel hören lassen. Goethe pflegte dabei das Programm zu bestimmen, die einzelnen Meister in geschichtlicher Folge und „wie sie die Sache weitergebracht hätten". Der junge Felix war der letzte große musikalische Eindruck seines Lebens; er hat ihm auch sein letztes musikalisches Bekenntnis entlockt (an Zelter am 3. Juni 1830): „Mir war seine Gegenwart besonders wohltätig, da ich fand, mein Verhältnis zur Musik sei immer noch dasselbe; ich höre sie mit Vergnügen, Anteil und Nachdenken, liebe mir das Geschichtliche... dazu war denn die Hauptsache, daß Felix auch diesen Stufengang recht löblich einsieht und glücklicherweise sein gutes Gedächtnis ihm Musterstücke aller Art nach Belieben vorführt. Von der Bachischen Epoche heran hat er mir wieder Haydn, Mozart und Gluck zum Leben gebracht; von den großen neueren Technikern hinreichende Begriffe gegeben und endlich mich seine eigenen Produktionen fühlen und über sie nachdenken machen."

Der kurze Überblick über Goethes äußere Beziehungen zur Musik offenbart deutlich, daß er sich aufs ernstlichste bestrebte, zu ihr ein festes inneres Verhältnis zu gewinnen. Keine Seite an ihr entging ihm, zu sämtlichen damaligen Richtungen suchte er irgendwie Stellung zu nehmen. Es wird sich nun nur darum handeln, festzustellen, von welcher Grundlage aus er an sie überhaupt heranging.

Goethe und die Musikanschauung seiner Zeit

Schon im Vorwort ist darauf hingewiesen worden, wie mißlich es ist, vergangene Perioden der Musik allein nach den modernen Anschauungen beurteilen zu wollen. Nicht allein das Aussehen und der Stil der Kunstwerke selbst ist im Wandel der Zeiten mitunter großen Schwankungen, ja entscheidenden Umschlägen unterworfen gewesen, sondern auch das ganze musikalische Empfinden, das sie erzeugt hat. So hat auch das achtzehnte Jahrhundert, in dessen musikalischer Anschauung und Kultur Goethe groß geworden ist, unter Musik etwas erheblich andres verstanden als wir Modernen, es hat sie anders empfunden, andre Ansprüche an sie gestellt und ihr andre Kulturwerte abzugewinnen gesucht. Es stellt außerdem in dieser Hinsicht nicht einmal eine geschlossene Einheit dar, sondern spaltet sich um die Zeit von Goethes Geburt, also in seiner Mitte, ähnlich wie das neunzehnte, in zwei annähernd gleiche Hälften, die durch eine geistige Wandlung von ganz besonderer Tiefe voneinander getrennt sind. Nicht als wäre dadurch das ältere musikalische Empfinden mit einem Schlage hinweggefegt worden. Es folgten vielmehr einige Jahrzehnte des Übergangs und der Gärung, wo Altes und Neues nach einem Ausgleich streben. Gerade in dieser Zeit aber hat Goethe seine nachhaltigsten musikalischen Eindrücke empfangen. Die Entwicklung seiner Musikanschauung ist somit nicht allein für seine Persönlichkeit von Bedeutung, sondern spiegelt zugleich auch den allgemeinen Wandel der Zeiten mit besonderer Treue wider. Um die Jahrhundertwende ist Goethes Stellung zur Tonkunst im wesentlichen fest begründet; die weiteren Jahre dienen nur ihrem Ausbau; grundsätzliche Wandlungen hat sie nicht mehr erfahren.

Die erste Hälfte des achtzehnten Jahrhunderts steht auch in ihren musikalischen Anschauungen unter dem Zeichen des Rationalismus, das heißt jener Geistesrichtung, die in Welt und Leben nur das dem Verstande Zugängliche als wirklich anerkennt. Es ist von besonderem Reize, zu verfolgen, wie sich diese Richtung gerade mit der Musik auseinandergesetzt hat, dieser irrationellsten aller Künste, die ganz auf den Ausdruck des unmittelbaren, jedem Denken entrücken seelischen Erlebens gestellt scheint. Es ist auf die verschiedenste Weise versucht worden, dieser „unheimlichen" Kunst einen neuen Sinn zu geben, der sich mit den rationalistischen Grundsätzen vereinigen ließ und eine scharfe verstandesgemäße Aufsicht über sie ermöglichte. Selbst die mittelalterliehe Lehre von der engen Verwandtschaft der Musik mit der Mathematik, der Lieblingswissenschaft des Rationalismus, wurde wieder hervorgeholt, und der Leibnizsche Satz von der Musik als einer „unbewußten Rechenübung der Seele" hat gerade zu Leipzig im Kreise Lorenz Mizlers geraume Zeit eine ausschlaggebende Rolle gespielt.

Vor allem erhielt aber auch die Musik, wie alle Lebensäußerungen in dieser Welt der Ordnung und

Klarheit, einen „vernünftigen Zweck". Ihre Erzeugnisse sollten nicht auf sich selbst beruhen, nicht Ausdruck innerer Schöpfernot sein, sondern außerkünstlerischen Lebensmächten dienen, Religion, Moral, Gesellschaft; sie sollten erbauen, belehren oder belustigen. Den richtigen Weg zu diesem Ziele zu finden, war natürlich nicht Sache des unmittelbaren künstlerischen Erlebens, sondern abermals des rechnenden Verstandes. Die ungeheure Hochachtung des Rationalismus vor der Regel zeigte sich auch in der Komposition. Auch die Musiker gewöhnten sich daran, statt ihre Werke aus dem Vollen zu schaffen, zuerst bestimmte Regeln auszudenken oder wenigstens erprobte Muster aufzustellen, ehe sie an die Arbeit selbst gingen. Als sich in den fünfziger Jahren die Berliner Liederschule um eine neue Art der Liedkomposition bemühte, stellte sie zunächst eine neue Theorie des Liedes auf und lud dann die Komponisten ein, danach ihre Lieder zu komponieren. Seinen großartigsten Ausdruck fand dieser Geist im Musikdrama Glucks, dessen Schöpfer selbst von sich bekannte, daß er, ehe er zu arbeiten anfange, vergesse, daß er Musiker sei – so gründlich arbeitete der Denker Gluck jeden einzelnen Stoff zuerst durch, ehe der Musiker überhaupt zur Türe hereingelassen wurde. Man begreift, wie verraten und verkauft sich Mozart, der Sohn einer ganz andern Zeit, 1778 in Paris vorkommen mußte, in diesem heißen Streit der Theorien über die „beste Art, eine Oper zu komponieren".

Es ist klar, daß in einer solchen Zeit die Gesangsmusik den Vorrang vor der Spielmusik hatte, deren goldene Tage erst in der zweiten Hälfte des Jahrhunderts anbrachen. Die Gesangsmusik gab die Möglichkeit, den Musiker in die scharfe Zucht des Dichters zu nehmen und alle selbstherrlichen Seitensprünge ins Irrationelle zu verhindern, und diese Möglichkeit ist denn auch von der rationalistischen Musikästhetik nach Kräften ausgenutzt worden, vor allem durch den Grundsatz, dem auch Goethe zeitlebens gehuldigt und den erst Schubert aus der Welt geschafft hat: der Musiker hat im Liede mit seiner Kunst das Dichterwort lediglich zu verdeutlichen und eindringlicher zu machen ; von einem selbständigen Nachschaffen im Sinne der Späteren ist keine Rede. Waren doch die Dichtungen selbst schon größtenteils Schöpfungen nicht der Phantasie, sondern des Denkens, und dem Musiker fiel die Aufgabe zu, sie durch den Schmuck der Töne anmutiger und schmackhafter zu machen. Ein großer Teil der Liedkomposition jener Zeit ist sogar von der Nebenabsicht eingegeben, das Auswendiglernen der Dichtungen zu erleichtern und durch die Verbreitung guter Poesie die Pflege der Geselligkeit zu fördern. Aber auch Glucks Lieblingsgleichnis für die Opernkomposition lautet, daß der Dichter die feste Zeichnung zu geben habe, die der Musiker dann nur mit Farbe ausfüllen dürfe; auch er duldet keine Übergriffe des Musikers über den Kopf seines Poeten hinweg.

Die reine Instrumentalmusik dagegen machte der rationalistischen Ästhetik größere Schwierigkeiten, denn ihr fehlte die Kontrolle durch das Wort des Dichters. Zum Teil ließ es sich ersetzen durch Programme, und nicht zufällig ist die Heimat des Rationalismus, Frankreich, von jeher auch die Hauptpflegestätte der Programmusik gewesen. Hier hatte der Verstand seine Anhaltspunkte und wurde außerdem durch den Vergleich zwischen Programm und Ausführung andauernd beschäftigt. Rameau hat damals den Franzosen die geistvollste Musik dieser Art geschenkt, die sie wohl je gehabt haben; allerdings tritt alles Irrationelle dabei in den Hintergrund, alles Stimmungshafte, jeder Einklang zwischen Landschaftsbild und menschlichem Gefühl; wo dergleichen durchklingt, geschieht es sozusagen in einem unbedachten Augenblick.

Die programmlose, „reine" Instrumentalmusik dagegen strebte als Hauptzweck die „Unterhaltung" an, Unterhaltung freilich nicht im Sinne des nächsten besten Philisters, als mehr oder minder seichte Salonmusik, sondern in dem weit edleren einer allseitigen, freien Anregung des Geistes, vor allem durch klaren, wohlgegliederten Aufbau und fesselnde Formbehandlung. Geist- und espritvollere Unterhaltungsmusik ist tatsächlich wohl kaum je geschrieben worden, und noch die Sinfonien Haydns und die Klavierkonzerte Mozarts sind Kinder dieses Geistes. Aber auch diese Kunst geht allem Unberechenbaren, Triebhaften, allen plötzlichen seelischen Erschütterungen ängstlich aus dem Weg.

Alledem entsprechen in dieser älteren Kunst aber auch die allgemeinen geistigen Ziele und damit auch der Stil; sie sind von der späteren grundsätzlich verschieden. Sie wendet sich durchaus dem Typischen, Allgemein-menschlichen zu und betrachtet alles *sub specie aeternitatis*; der einzelne Mensch mit allen seinen Eigenheiten und dumpfen Trieben bleibt im Hintergrund. Vor allem kennt sie noch keine psychologische Entwicklung im späteren Sinne. Was sie von einem Musikstück in erster Linie verlangt, ist Einheitlichkeit der Gesamthaltung; die einmal angeschlagene Stimmung wird trotz gelegentlicher Abschattierung im einzelnen auch festgehalten; plötzliche Umschläge gestattet sie nicht. Die von ihr gepflegten Formen entsprechen diesem Ideal: in der Singmusik die Arie, in der Spielmusik vor allem Variation und Saite. Sie geben alle Anlaß zu breit ausgeführten kontrastierenden Stimmungsbildern, bei denen auch die architektonische Meisterschaft der Zeit zu ihrem Rechte kommt. Allerdings gesteht diese Architektonik den einzelnen Gliedern eines Formganzen sehr geringe Sonderrechte zu; sie alle weisen vielmehr über sich selbst hinaus auf den großen musikalisch-architektonischen Bau hin, dem sie eingeordnet sind.

Um die Mitte des achtzehnten Jahrhunderts wurde nun auch das musikalische Empfinden durch jene große Bewegung der Geister grundsätzlich umgewandelt, die wir mit dem Namen Rousseau verknüpfen. Der berühmte Ruf: Zurück zur Natur! bedeutete auch hier zunächst die Freiheit von jeder Konvention und den Anspruch auf ein fesselloses Dahinströmenlassen des allzulange geknechteten Gefühls. Eine Sturm und Drang-Periode brach herein, kaum minder keck und neuerungssüchtig als in der Literatur, und als sie sich zu verlaufen begann, da trat aus dem Nebel Mozart hervor, der im musikalischen Sturm und Drang eine ähnliche Stellung einnimmt wie Goethe im dichterischen. Jetzt verlangte man von der Tonkunst nicht mehr Erbauung, Belehrung und Unterhaltung, sondern Entfesselung des Gefühls; man wollte erschüttert und in seelische Katastrophen hineingerissen werden, die den innersten Winkel des Herzens aufrührten. Kein Wunder, daß nunmehr auch in der Ästhetik die uralte Lehre von den „Affekten", das heißt von dem innigen Zusammenhang der musikalischen Bewegungserscheinungen mit den seelischen, einen besonderen Sinn erhielt. Der Rationalismus suchte zwar auch sie noch mit Beschlag zu belegen; er stellte sogar Tabellen auf, in denen für jedes musikalische Ausdrucksmittel die betreffende Seelenverfassung vermerkt war, so daß der wackere Komponist also nur nachzuschlagen brauchte, um den gewünschten Eindruck zu erzielen.

Dergleichen vermochte sich auf die Dauer natürlich nicht zu behaupten, vielmehr ergriff die Affektenlehre mit ihrer gefühlsmäßigen Seite bald Hoch und Nieder, Musiker und Laien in einem Grade, der uns heutige staunen macht. Denn alle diese Affekte hatten für jene Generation nicht bloß eine scheinhafte, sondern eine höchst reale Bedeutung, sie erlebte sie wirklich und verlangte demnach auch vom vortragenden Künstler, daß er Zorn, Wehmut und dergleichen zuerst selbst empfinde, da er sonst das betreffende Stück gar nicht richtig vortragen, das heißt seinen Affekt dem Zuhörer nicht vermitteln könne. Traf aber alles das zu, so ging das Publikum auch unweigerlich mit, so gut wie noch heute in Italien. Schon aus der Literatur wissen wir, wie empfänglich man damals für musikalische Eindrücke war, welche Tränenströme oder Verzweiflungsausbrüche ein uns heute unscheinbar vorkommendes Klavier- oder Geigenstückchen gelegentlich zu entfesseln vermochte, wieviel bei der Musik geseufzt, geschwärmt und gewütet wurde. Nicht selten ging diese Wirkung bis zum rein Körperlichen, wie zum Beispiel bei dem neuen Orchestercrescendo, das die Hörerschaft wie mit Zaubergewalt zwang, sich von den Sitzen zu erheben. Es war der natürliche Rückschlag des Gefühls nach der langen Tyrannei des Verstandes, und er führte wie auf allen Gebieten, so auch hier gleich in die schroffsten Gegensätze hinein.

Natürlich entsprach diesem Wandel der Anschauungen auch ein ganz neuer Kompositionsstil. Von jener Einheitlichkeit der Gesamthaltung eines Musikstückes wurde abgegangen, und der Schwerpunkt des Ganzen verschob sich mehr und mehr zugunsten der einzelnen Teile. Es kam immer häufiger vor, daß innerhalb desselben Themas der Ausdruck plötzlich völlig umschlug, so daß es, wie zum Beispiel das erste Sinfoniethema des jungen Mozart, im Festsaal zu beginnen und in der Kirche zu enden schien. Aber nicht nur in solchen Kontrasten auf engstem Raume schweigt diese Kunst, sondern sie liebt auch die breit angelegten Übergänge, wo die ältere noch den Ausdruck in sich fest abgestuft hatte. Ein weiterer, neuer Grundsatz der musikalischen Gestaltung taucht auf: der der psychologischen Entwicklung. Er zeigt sich in der Oper, deren bisherige festgeschlossene Typen allmählich individuelleren Charakteren mit bestimmter psychologischer Entfaltung weichen, aber auch in der neuen klassischen Sinfonie, in der die sogenannte thematische Arbeit einen immer breiteren Raum einnimmt. Die ganze Kunst strebt überhaupt danach, an die Stelle des allgemein Menschlichen das Individuelle zu setzen; auf den einzelnen Menschen kommt es ihr an, nicht mehr auf das, was hinter und über ihm liegt. Damit verschiebt sich auch in der Musik der Schwerpunkt vom aufnehmenden Teil, dem Publikum, auf den schaffenden, den Künstler.

Natürlich vollzog sich dieser Wandel des musikalischen Empfindens nicht mit einem Schlage, und gerade Goethes Musikanschauung zeigt deutlich, wie fest sich in mancher Hinsicht das Alte neben dem Neuen zu behaupten vermochte, am deutlichsten in seiner verschiedenen Stellung zur Vokal- und zur Instrumentalmusik. Denn jene hat bei ihm, ganz im Sinne der älteren Zeit, stets eine ungleich größere Rolle gespielt als diese. Auch er brauchte für sein musikalisches Urteil stets einen klaren, verstandesmäßigen Anhaltspunkt, der seinem Empfinden eine bestimmte Richtung gab. Ihn fand er bei der Gesangsmusik im Worte des Dichters; es diente ihm als Stütze für Gefühl und Phantasie und zugleich als Maßstab für die Beurteilung der Leistung des Musikers. Bei der reinen Instrumentalmusik dagegen fehlte sie ihm, er fühlte hier keinen festen Boden unter den Füßen. Nicht als hätte er diese Musik einfach abgelehnt, dazu war seine Hochachtung vor ihr zu groß, aber er war ehrlich genug, sein mangelndes Verständnis einfach zuzugestehen. Er sagt einmal: „Melodien, Gesänge und Läufe ohne Worte und Sinn scheinen mir Schmetterlingen oder jenen bunten Vögeln ähnlich zu sein, die in der Luft vor unsern Augen schweben."[2] Ein echt Goethisches Gleichnis aus der Welt des Anschaulichen, Sichtbaren und zugleich ein Eingeständnis, daß ihm die Pforten der dieser Welt entrückten „absoluten" Musik verschlossen blieben! Sehr bezeichnend sind ferner seine Ausführungen über das Streichquartett, das ihm von allen instrumentalen Gattungen als die „verständlichste" erscheint. Warum? „Man hört vier vernünftige Leute sich untereinander unterhalten, glaubt ihren Diskursen etwas abzugewinnen und die Eigentümlichkeiten der Instrumente kennen zu lernen."[3] Dieses Betonen der dialektischen Seite des Quartetts entspricht wiederum ganz den Anschauungen der älteren Zeit, für die das Streichquartett noch zur Unterhaltungsmusik zählte. Einem ähnlichen Gefühlskreise aber entsprang Goethes bekanntes Wort über die Kunst Sebastian Bachs, bei der ihm war, „als wenn die ewige Harmonie sich mit sich selbst unterhielte, wie sich's etwa in Gottes Busen, kurz vor der Weltschöpfung, möchte zugetragen haben."[4] Auch hier denkt er wieder an Unterhaltung (Dialektik), nur ergibt sie sich jetzt für ihn aus dem Gewebe selbständig nebeneinander herlaufender Stimmen. Es war die Kunst

---

[2] Wilh. Meister, Lehrjahre I, 2. Buch, II.
[3] Goethe-Zelter, Briefwechsel (Reclam) III 194.
[4] Goethe-Zelter II 495.

der Stimmführung und die gewaltige Formenphantasie, die er, ähnlich wie Friedrich der Große, an Bach bewunderte, nicht etwa seine mystische Gefühlswelt, die die spätere Romantik besonders anzog. Man begreift, warum Goethe den Weg zu Beethovens Instrumentalmusik nicht finden konnte; hätte er's vermocht, so wäre er eben nicht Goethe geblieben. Ebenso begreiflich ist aber, daß ihm auch die Instrumentalmusik etwas zu sagen hatte, sobald ein Programm dabei war. Das beweist seine Vorliebe für das „Trompeterstückchen" von S. Bach, wo „man den Trompeter nicht nur bald nah, bald fern zu hören, sondern ihn auch ins Feld reitend bald auf einer Anhöhe haltend, bald nach allen vier Weltgegenden sich wendend und dann wieder umkehrend zu sehen glaubte und sich wirklich Sinn und Gemüt nicht ersättigen konnte."[5] Man sieht, sein Verständnis für reine Instrumentalmusik reichte so weit, als er ihr bestimmte, greifbare Anschauungen abzugewinnen vermochte. In diesem Sinne blieb die Musik für ihn stets eine dienende Kunst, als selbständigen Weltausdruck vermochte er sie nicht zu erfassen.

Innerhalb dieser Grenzen aber will Goethe die Macht der Musik ganz im Sinne der älteren Zeit auch nach Kräften ausgenutzt wissen. Ihre erzieherische Sendung schätzt er außerordentlich hoch. Man wird geradezu an Platons Staat erinnert, wenn man in „Wilhelm Meisters Wanderjahren" die den Zöglingen der „pädagogischen Provinz" zugedachte musikalische

---

[5] Bode II 133. Es handelt sich um Bachs Capriccio auf die Abreise seines Bruders.

Tätigkeit betrachtet.[6] Da erfährt Wilhelm von seinem Begleiter: „Bei uns ist der Gesang die erste Stufe der Ausbildung, alles andre schließt sich daran und wird dadurch vermittelt. Der einfachste Genuß so wie die einfachste Lehre werden bei uns durch Gesang belebt und eingeprägt... Indem wir die Kinder üben, Töne, welche sie hervorbringen, mit Zeichen auf die Tafel schreiben zu lernen und nach Anlaß dieser Zeichen sodann in ihrer Kehle wiederzufinden, ferner den Text darunter zu fügen, so üben sie zugleich Hand, Ohr und Auge und gelangen schneller zum Recht- und Schönschreiben, als man denkt, und da dieses alles zuletzt nach reinen Maßen, nach genau bestimmten Zahlen ausgeübt und nachgebildet werden muß, so fassen sie den hohen Wert der Meß- und Rechenkunst viel geschwinder als auf jede andre Weise. Deshalb haben wir denn unter allem Denkbaren die Musik zum Element unsrer Erziehung gewählt, denn von ihr laufen gleichgebahnte Wege nach allen Seiten." Auch in der Instrumentalmusik werden die Zöglinge unterwiesen, aber in besonderen Bezirken und nach den einzelnen Instrumenten getrennt, und außerdem werden die Anfänger in Einsiedeleien verwiesen, da in der bürgerlichen Gesellschaft kaum ein „trauriges Leiden" denkbar sei als die „Nachbarschaft eines angehenden Flöten- oder Violinspielers."

Das alles sind Ideen, die, in der Musikästhetik des achtzehnten Jahrhunderts wurzelnd, hier der Erzieherweisheit des alten Goethe dienstbar gemacht

---

[6] II 1.

werden. Auch daß jede Tätigkeit der Zöglinge ihre bestimmten Lieder erhält, entspricht der Vorliebe der Zeit für Arbeits- und Standeslieder.

Aber nicht nur diese praktischen und pädagogischen Ziele teilte Goethe mit der Musikanschauung seines Jahrhunderts, sondern auch ihre Affektenlehre bis in die letzten Konsequenzen hinein. In dieser Hinsicht war er für seine Zeit so modern gerichtet wie nur irgendein Stürmer und Dränger. An Empfänglichkeit für die durch die Musik bewirkten seelischen, ja körperlichen Erschütterungen stand er keinem nach. Er konnte bei einem schönen, „affektuösen" Gesang Tränen vergießen, und zahlreiche Belege aus seinen Werken bezeugen es, daß et diese Empfänglichkeit als etwas allgemein Bekanntes voraussetzte· Eine der ergreifendsten Szenen des „Werther" ist die gegen Schluß des Romans, wo beim Klavierspiel Lottes dem Unglücklichen „durch die Seele gehen ein Trostgefühl und eine Erinnerung des Vergangenen, der Zeiten, da ich das Lied gehört, der düstern Zwischenräume, des Verdrußes, der fehlgeschlagenen Hoffnungen" und schließlich der gewaltsame Ausbruch der Verzweiflung folgt.[7] Hier gesellt sich der durch die Musik bewirkten seelischen Erregung auch noch die körperliche hinzu. Auch sie hat Goethe am eigenen Leibe verspürt, als er in Gemeinschaft mit Schiller sich von Zelter einmal dessen Lieder vortragen ließ. Da fingen beide Dichter auf einmal körperlich zu agieren an, wie Zelter schreibt: „als wenn ihr unwillkürlich darstellen

---

[7] 2. Buch, Brief vom 4. Dezember.

müßtet, was ihr empfandet."[8] Man steht, welch reich bemessenen Anteil der Dichter an der musikalischen Sensibilität seiner Zeit hatte. Er war „moderner" Geist genug, um diese irrationellen Kräfte der Musik auch unumwunden anzuerkennen, „das Dämonische", wie er es nennt, „denn sie steht so hoch, daß kein Verstand ihr beikommen kann, und es geht von ihr eine Wirkung aus, die alles beherrscht und von der niemand imstande ist, sich Rechenschaft zu geben."[9] Ja, sogar der Lehre von der Heilkraft der Musik gegen seelische Leiden, ein Erbteil der Antike, das damals gleichfalls wieder viele Anhänger fand, hat Goethe gehuldigt, wie Flavios Heilung in den „Wanderjahren" beweist. Hier heißt es von der Poesie: „Innig verschmolzen mit Musik heilt sie alle Seelenleiden aus dem Grunde, indem sie solche gewaltig anregt, hervorruft und in auflösenden Schmerzen verflüchtigt."[10] Noch der vierundsiebzigjährige Dichter hat diese Heilkraft an sich selbst verspürt, als ihn zur Zeit seiner Liebe zu Ulrike v. Levetzow das Klavierspiel der Pianistin Szymanowska von der inneren Not befreite.[11] Es ist aber bezeichnend, daß wenigstens der alte Goethe sich nachdrücklich gegen die erschlaffenden Wirkungen der Musik wehrte. „Ich bedarf kräftiger, frischer Töne, mich zusammenzuraffen, zu sammeln."[12] Von dieser Art wird auch die Musik gewesen sein, die er sich von den Stadtmusikanten während der Arbeit

---

[8] Goethe-Zelter II 346.
[9] Gespräche mit Eckermann, Leipzig 1908, II 289 f.
[10] 2. Buch, 5. Kapitel.
[11] Vgl. das Gedicht „Trilogie der Leidenschaft".
[12] F. v. Müller, 24. Juni 1826.

an der „Iphigenie" 1779 vorspielen ließ, um „die Seele zu lindern und die Geister zu entbinden"[13]

Es hat freilich schon damals Denker gegeben, die jene unheimliche Macht der Musik, die sie an sich selbst fühlten, mit ihrer Würde als Kunst in Einklang zu bringen strebten. Schiller geriet dabei auf das Prinzip der Form als des einzig wirksamen Gegengewichtes gegen jene den Menschen unfrei machende Gewalt der Musik. Erst die Form erhebt für ihn die Tonkunst in den Reigen der schönen Künste. Ein Nachhall davon findet sich noch in den Worten der „Wanderjahre": „Die Würde der Kunst erscheint bei der Musik vielleicht am eminentesten, weil sie keinen Stoff hat, der abgerechnet werden müßte. Sie ist ganz Form und Gehalt und erhöht und veredelt alles, was sie ausdrückt." Die folgende scharfe Scheidung der Musik in heilige und profane, in Kirchenmusik und Volksmelodien und die Beurteilung aller Zwischengebiete dagegen atmet wieder ganz den Geist der älteren Zeit; in diesem System ließ sich allerdings keine Beethovensche Sinfonie unterbringen.

Goethe hat aber auch noch den Versuch gemacht, der Musik von der naturwissenschaftlichen Seite her beizukommen. Im Jahre 1808 entspann sich zwischen ihm und Zelter[14] ein lebhafter Streit um das Mollgeschlecht in der Musik, eingeleitet durch Goethes Frage, woher denn die allgemeine Hinneigung nach den Molltonarten komme, die sich sogar bis in die Polonäsen hinein erstrecke. Goethe spricht hier wie ein außeror-

---

[13] An Frau v. Stein 14. Februar 1779.
[14] Goethe-Zelter I 218 ff.

dentlich gescheiter Mann, der sich auch bei einem ihm ferner liegenden Stoff selbst dem Fachmann gegenüber die eigene Ansicht wahrt. Dabei gebrach es ihm freilich am rein musikalischen Rüstzeug zur Behandlung dieser Fragen ebensosehr, wie seinem Gegner Zelter am naturwissenschaftlichen. Es scheint deshalb gewagt, ihn daraufhin zu einem Kronzeugen der modernen dualistischen Theorie zu stempeln. Zelter gab sich übrigens schließlich besiegt, ob freilich mit Überzeugung, aus Klugheit oder aus Hochachtung vor dem großen Freunde, bleibe dahingestellt. Die Tonlehre aber, die Goethe eine Zeitlang geplant hat, ist nicht über eine systematische Tabelle hinausgelangt, die heute noch in seinem Sterbezimmer in Weimar hängt. Auch bei diesen Studien wiederholte sich dieselbe Erscheinung: es ist dem Dichter weniger um die Erforschung der Musik als solcher zu tun, als um die Erkenntnis eines Stückes Natur nach seiner eigenen Art, das heißt aus dem Instinkt des Dichters heraus. Er geht nicht auf das Zerlegen und Berechnen der einzelnen Erscheinungen aus, sondern von einem Ganzen und sucht von da aus das Einzelne zu entwickeln. Dabei zeigt sich allerdings, daß ihm die Welt der Töne weit schwächer zum inneren Erlebnis wurde als die der Farben. Wohl hat er dabei stets auch ihre Wirkung auf den Menschen im Auge, jedoch fehlt ein so fest und sicher begründeter Standpunkt seinem Stoff gegenüber, wie er ihn in der Farbenlehre erreicht hat.

Das Lied

Dichtung und Musik zur Zeit Goethes

Die Lyrik ist das Gebiet gewesen, das Goethe zum ersten Mal in unmittelbare äußere und, was noch wichtiger ist, in innere Berührung mit der Musik gebracht hat. Es ist auch sein ganzes Leben hindurch für seine Stellung zur Tonkunst überhaupt am ergiebigsten geblieben. Denn hier hat et nicht allein beständig nach der Mitwirkung der Musik Ausschau gehalten, sondern sich auch selbst nach einer bestimmten Seite hin als musikalisch schöpferisch erwiesen.

Auch hier ging er zunächst von den Anschauungen seiner Zeit aus. Zu ihnen gehört gleich die Hochschätzung, die er dem musikalischen Liede als solchem gezollt hat. Trotzdem reichen Liedersegen des neunzehnten Jahrhunderts können wir uns nur schwer von der ungeheuren Beliebtheit und Verbreitung des Liedgesangs im achtzehnten eine Vorstellung machen, denn abermals sind unsre heutigen Maßstabe ganz andre als die unsrer Voreltern. Unsre heutige Liederkunst ist eine völlig freie Kunst, im Konzertsaal gleichermaßen heimisch wie im Hause; sie stellt außerdem Ansprüche, denen im wesentlichen nur der musikalisch Gebildete zu genügen vermag. Im achtzehnten Jahrhundert dachte man anders. Man stellte das Lied zwar noch nicht den großen, konzertfähigen Formen gleich, aber man sah dafür darauf, daß es in möglichst breite Schichten des Volkes hinabdrang. Es beherrschte nicht allein die gesamte Geselligkeit im Haus und im Freien, sondern begleitete auch die Arbeit aller Stände, von denen bald jeder bis zu den „deutschen Ammen" herab über seinen eigenen Liederschatz verfügte. In der zweiten Hälfte des achtzehnten Jahrhunderts wurde das Lied mehr und mehr zu einem sozialen Bindemittel für das ganze Volk, dessen Lebenshaltung es vertiefen und veredeln sollte. Die Humanitätsbestrebungen der Zeit fanden an ihm einen besonders wirksamen Bundesgenossen, wie wenige geeignet, alle Menschen zu Brüdern zu machen. Man darf diese philanthropische und pädagogische Seite beim damaligen Liede ja nicht übersehen, denn ihr verdankte es nicht nur seine Verbreitung, sondern großenteils auch seinen eigentümlichen Stil. Sein von Dichtern, Musikern und Ästhetikern einstimmig so scharf betontes einfaches und volkstümliches Grundwesen hatte seine guten inneren Gründe und war durchaus nicht etwa musikalischer Unfähigkeit der Komponisten entsprungen, was ja auch bei dem hohen Stand der Musikentwicklung zur Zeit Bachs und Handels ganz undenkbar wäre. Es ist leichter, über die Liedkomposition des achtzehnten Jahrhunderts vom Standpunkte Schuberts oder gar Hugo Wolfs aus die Achsel zu zucken, als sie in ihrer Eigenart verstehen zu lernen. Es waren selbstgewählte Schranken, denen sich jene Liederkomponisten beugten, und sie waren außer durch jene volkserzieherischen Bestrebungen vor allem durch eine ganz bestimmte Stellung zu ihren Dichtern gebunden. Die Dichter rechneten unter allen Umständen mit der Komposition ihrer Gedichte, die ihnen oft genug erst zu größerer Verbreitung und Beliebtheit verhalf. Das ist auch noch der Standpunkt Goethes gewesen: jedes lyrische Erzeugnis, das nicht zugleich gesungen wird, hat für ihn seinen Beruf verfehlt· „Nur nicht lesen, immer singen, und ein jedes Blatt ist dein", heißt es in dem Gedichte „An Lina", und in Wilhelm Meisters „Lehrjahren" sagt Serlo: „Man sollte alle Tage wenigstens ein kleines Lied hören, ein gutes Gedicht lesen, ein treffliches Gemälde sehen und einige vernünftige Worte sprechen."[15]

Damit ist aber keineswegs gesagt, daß die Dichter – und auch Goethe – gesonnen gewesen wären, auf ihre eigenen Rechte im Liede zugunsten der Musiker zu verzichten. Ganz im Gegenteil: mit ihrem Wunsche der Unterstützung durch den Musiker ging der zweite, weniger offen ausgesprochene her, diesen Musiker im Liede nicht zu selbständig werden zu lassen. Das hat gewiß zu einer nach unserm Gefühl übertriebenen Einengung des Musikalischen geführt, es war aber, so wie die Dinge in den fünfziger Jahren lagen, einfach eine Notwendigkeit. Denn in letzter Linie war das deutsche Lied im achtzehnten Jahrhundert das Ergebnis eines natürlichen Rückschlages der Poesie gegen eine langjährige Überwucherung durch die Musik. Man sehe sich nur einmal die Texte der damaligen italienischen Opern, aber auch zum Beispiel der Bachschen Kantaten an: es ist bei aller Gewandtheit und Glätte doch im

---

[15] V 1.

wesentlichen nur eine für die Musik bestimmte Poesie, die dem Komponisten lediglich eine feste Form, einen allgemeinen Affekt und vielleicht noch einige auch bereits zur Schablone erstarrte tonmalerische Bilder an die Hand gibt, darüber hinaus aber kaum selbständige dichterische Ansprüche erhebt· So steht die gesamte Vokalmusik der ersten Hälfte des achtzehnten Jahrhunderts unter dem Zeichen der Musik, der die Poesie lediglich Hilfsdienste leistet. Auch im Hausgesang ist es nicht anders gewesen. Es ist kein Zufall, daß er in den ersten zwei Jahrzehnten das eigentliche Lied kaum kannte, sondern sich an Opernarie und Solokantate hielt. Und als man dann in den dreißiger Jahren unter Vorantritt des Leipzigers Sperontes mit seiner „Singenden Muse an der Pleiße" daranging, jene Lücke auszufüllen, da nahm man seinen Ausgangspunkt abermals nicht von der Dichtung, sondern von der Musik: man suchte sich bereits bestehende Instrumentaltänze zusammen und versah sie mit neuen Dichtungen, setzte also nicht wie später eine Dichtung in Musik, sondern eine fertig vorliegende Musik in Poesie. Dieses Verfahren des „Parodierens", das erste Anzeichen französischer Kunstanschauungen im deutschen Liede, beweist zur Genüge, wie stark man an die Unterordnung der Poesie unter die Musik gewöhnt war. Es hat auch noch bis ans Ende des Jahrhunderts, als längst ein modernerer Luftzug im Liede herrschte, seine Liebhaber gefunden. Noch Leopold Mozart hat seinen Sohn damit aufgezogen, und selbst Goethe hat sich ihm zeitweise, wenn auch in etwas gemilderter

Form, angeschlossen, so zum Beispiel, wenn er den erwähnten Melodien von Görner und Zelter[16] oder einer rheinischen Volkspoesie einen neuen Text unterlegte („Schäfers Klagelied").[17]

Der Umschwung zugunsten der Poesie erfolgte im Liede, parallel dem Umschwung auf allen Gebieten der Musik, in den fünfziger Jahren, und zwar von Berlin aus. Bezeichnenderweise ging der Anstoß dazu nicht von den Musikern aus, sondern von einem Dilettanten, dem Advokaten Krause, der sich in dem von ihm neu eroberten Reiche des Liedes als Gesetzgeber und Polizeiminister zugleich auftat. Die Tätigkeit dieser Berliner Liederschule war ein merkwürdiges Gemisch von Neuem und Altem. Alt war die ganze, echt rationalistische Art seines Vorgehens: er stellte zuerst für die Liedkomposition ganz neue Regeln und Muster auf, nach denen sich dann, seiner Weisung gemäß, die Komponisten zu richten hatten. Auch diese Reform des Liedes ging also, wie die darauffolgende der Oper durch Gluck, in letzter Linie nicht auf die freie künstlerische Tat, sondern auf die verstandesmäßige Spekulation zurück. Dem älteren Geist entsprach ferner auch die Wahl der Muster. Der für uns Moderne so naheliegende Gedanke, das Kunstlied durch das Volkslied befruchten zu lassen, ist Krause und seinen Musikern gar nicht gekommen, denn das Volk und seine Lebensäußerungen kamen für den Rationalismus und

---
[16] S. oben S. 16, 31.
[17] Noch in den „Wahlverwandtschaften" (II 5) wirkt diese Anschauung nach.

seine aristokratische Gesellschaftskultur überhaupt nicht in Betracht. So suchte und fand man seine Vorbilder ganz folgerichtig im Gesellschaftsliede Frankreichs, der alten Heimat des Rationalismus. Hier hatte man, was man wünschte: Einfachheit, Klarheit, Ordnung und eine musterhafte Deklamation.

„Neu aber war der ganze Geist, der jetzt im Liede einzog. Die frühsten Berliner Liedersammlungen waren der erste schroffe Vorstoß der Poesie gegen die bisherige Vorherrschaft der Musik im Liede, wie die späteren Reformopern Glucks im musikalischen Drama. Sie drängten die Musik wieder auf eine dienende Stellung der Poesie gegenüber zurück. Das war gewiß eine epochemachende Leistung, deren Bedeutung man bei dem üblichen selbstgerechten Aburteilen über die „Trockenheit" und „Primitivität" dieser Kunst nie vergessen sollte; sie hat in der Geschichte der Vokalmusik tiefere Spuren hinterlassen, als man gemeinhin ahnt. Gewiß hat sie mit der allen solchen Reformen eigenen Schärfe gelegentlich erheblich über das Ziel hinausgeschossen, obgleich nicht übersehen werden darf, daß es ihren Trägern durchaus nicht bloß, wie man schon behauptet hat, um eine wort- und sinngetreue Deklamation, sondern daneben auch um den musikalischen „Affekt" zu tun war. Mit ganz richtigem Gefühl erkannten sie ihren Hauptfeind in der italienischen Arie, in der sich jene Vorherrschaft der Musik tatsächlich am reinsten verkörperte. Sie mußte erst in ihrer damaligen, nur auf die Musik zugeschnittenen Form zu Falle gebracht werden, ehe die ersehnte neue Verbindung von Musik und Poesie ins Leben treten konnte, und abermals zeigt sich dabei eine enge Verwandtschaft mit Gluck.

Zunächst haben sich die Musiker den Vorschriften Krauses willig gebeugt. Ihre Lieder zeigen ungemein scharf, wohin die Reise gehen sollte: der Musiker sollte vom Dichter nicht mehr bloß einen allgemeinen Affekt empfangen, den er dann, selbstherrlich seine eigene Kunst entfaltend, zum Ausdruck zu bringen hatte, sondern er sollte dem Dichter als seinem gegebenen Führer bis in die Einzelheiten seiner Dichtung hinein folgen, und zwar so, daß diese in jedem einzelnen Augenblick zu voller, klarer Deutlichkeit kam. Jetzt war es zu Ende mit dem früheren Inspirieren einer Dichtung durch den Musiker, es war aber auch noch nicht denkbar, daß dieser, wie von den Zeiten Schuberts an, den dichterischen Ausdruck zwar in seiner Deutlichkeit voll wahrte, daneben aber doch das Ganze aus dem Geiste seiner eigenen Kunst heraus neu schuf. Dazu fehlte noch etwas, was den Dichtern um 1750 ganz und den Musikern zum großen Teile unbekannt war: alles das, was wir heutzutage „Stimmung" nennen, jene leise flutende Bewegung des Innern, die unmittelbar zu Worten oder Tönen wird. Das hat das Lied erst Goethe zu verdanken gehabt, und seine Lyrik bildet denn auch im musikalischen Liede einen der wichtigsten Abschnitte. Ohne ihn hätten wir keinen Schubert.

Die zweite Berliner Liederschule

Trotz dem anfänglichen durchschlagenden Erfolg der Krausischen Regeln bei den Musikern konnte deren Gegenschlag auf die Dauer doch nicht ausbleiben. Zwischen ihnen und den Dichtern entbrennt nunmehr ein heimlicher Kampf um das Lied· Diese wollen die eben erst errungene Herrscherstellung behaupten, jene die verlorene wiedergewinnen. Das vorläufige Ergebnis war die vermittelnde Haltung der sogenannten zweiten Berliner Schule, mit deren Hauptwortführern Reichardt und Zelter wir bereits wieder in unmittelbarer Nähe Goethes angelangt sind. Der Ausgleich bestand darin, daß zwar das Herrscherrecht des Dichters grundsätzlich aufrecht erhalten blieb, innerhalb dieses Rahmens aber dem Musiker so viel Spielraum wie nur möglich verstattet wurde. Melodik und Rhythmik werden freier, die von den älteren Berlinern bezeichnenderweise so einfach wie nur möglich gehaltene Harmonik tritt in den Dienst des poetischen Ausdrucks, und die Form bedient sich zwar immer noch des Strophenliedes als der Grundlage aller Liedkomposition, läßt aber ebenfalls den Komponisten größere Bewegungsfreiheit, namentlich vermittels der Variation, und schließlich tauchen sogar schon die ersten durchkomponierten Gesänge auf. Dem Musiker kam ferner zugute, daß nunmehr der Bann, der bisher auf dem Volkslied geruht hatte, allmählich zu weichen begann. Unter Volkstümlichkeit verstand man jetzt nicht mehr ein in der Retorte des Verstandes nach französischen Mustern konstruiertes Ideal, sondern die Anlehnung an das wirkliche, lebendige deutsche Volkslied. J. A. P. Schulz, einer der selbständigsten Geister des vorschubertschen Liedes, stellte einen neuen Begriff des „Liedes im Volkston" auf, den er mit deutlichem Hinblick auf das echte Volkslied durch den „Schein des Bekannten" erläuterte. Auch er erblickte freilich noch auf gut Berlinische Art die Hauptaufgabe des Liederkomponisten in der Verbreitung guter Liedertexte.

Die neue „musikalische" Lyrik

Schulz war zugleich der erste, der mit vollem Bewußtsein das Wehen eines neuen Geistes in der deutschen Poesie erkannte. Die vorklopstocksche Dichtung, die selbst auf rationalistischem Boden erwachsen war, kam den alten Berliner Grundsätzen wie von selbst entgegen, die neu aufblühende klassische dagegen mußte die Musiker sehr bald deren Enge empfinden lassen. Die Dichter selbst waren zwar weniger denn je geneigt, den Musikern ihr Herrenrecht im Liede abzutreten; sie rechneten wohl nach wie vor mit der Komposition ihrer Gedichte, aber sie schufen sie doch nie allein unter der Vorstellung musikalischer Ergänzungsbedürftigkeit. Damals begann vielmehr jene Durchdringung der ganzen Vokalmusik «mit dem Geiste der Poesie, der nach einander alle ihre Zweige ergriff und heute noch unter uns nachwirkt – das gerade Gegenteil zu der vorangehenden, unter dem Zeichen der Musik stehenden Periode. Nicht als wäre die Lyrik jetzt auf einmal un- oder gar antimusikalisch geworden. Ganz im Gegenteil: jener Literarisierung der Musik entsprach eine ganz neue, den Früheren unbekannte Durchdringung der Poesie mit musikalischem Geiste, nur daß sie zunächst nicht von den Musikern ausging, sondern von den Dichtern selbst. Sie haben das unter der Herrschaft des Rationalismus fast völlig erstickte Bewußtsein von der der Dichtersprache als solcher innewohnenden Musik aufs neue belebt und sich damit selbst als musikalische Schöpfernaturen bewiesen, indem sie ihre innere Bewegung unmittelbar zu Klang und Rhythmus werden ließen. Die Gestalt des „musikalischen Dichters", wie Schiller einmal Klopstock genannt hat, war etwas völlig Neues in der damaligen deutschen Poesie; sie sollte bald auch der musikalischen Lyrik eine andre Wendung geben. Schon rein metrisch standen die Musiker vor einer Fülle neuer Probleme, und doch waren alle diese neuen, mannigfaltigen Maße nur der Ausdruck eines neuen, reichbewegten dichterischen Erlebens, das sich nicht mehr an poetischen Gedanken und Bildern genügen ließ, sondern sich selbst in einer verborgenen Musik aussang.

Jetzt erst trat unter der Sonne des Goethischen Genius jene mit musikalischem Geiste durchtränkte Stimmungslyrik ins Leben. Die ältere Vokalmusik hatte in manchen Sätzen der deutschen Meister Bach und Händel wohl schon derartige „Stimmungsbilder" hervorgebracht, aber sie waren das Werk des Musikers, nicht des Dichters gewesen. Vor allem aber war der Keim dazu von seiten der Musik in der Instrumentalmusik vorhanden, und es ist kein Zufall, daß das neue Lied unter Schubert erst ins Leben trat, als die deutsche Instrumentalmusik durch die Klassiker die volle Höhe ihrer Ausdruckskraft erreicht hatte, und daß es von da ab ein mehr und mehr sinfonisches Gepräge behalten hat.

Allerdings stellte die neue Lyrik die Komponisten zugleich vor sehr schwerwiegende Probleme, die zum Teil bis zum heutigen Tage nicht befriedigend gelöst sind. Wie war jener inneren, verborgenen Musik der Gedichte in Tönen beizukommen? Gab es nicht gerade bei Goethe Fälle, wo diese sich selbst genug war und der Ergänzung durch den Musiker nicht nur nicht bedurfte, sondern ihr geradezu widerstrebte? Und wenn der Musiker sich seines Hauptmittels zur Erzeugung von „Stimmung" bediente, der instrumentalen Vertiefung, war da nicht sofort die Gefahr einer Reibung zwischen den beiden Schwesterkünsten und damit einer Disharmonie des Ganzen da, gegen die die Dichter zuallererst Einspruch erheben mußten?

Wir Modernen sind durch die glänzende Strahlenkrone, die unser Lied dank dem Schaffen der nachschubertschen Liedermeister ziert, gegen diese Fragen einigermaßen abgestumpft worden und haben gegen die Überflutung des Liedes durch die Musik kaum mehr etwas einzuwenden. Gewiß sollen wir uns die Freude an den zahlreichen Meisterliedern dieser Periode nicht verkümmern lassen, aber auch nicht vergessen, daß daneben über das Grundwesen des Liedes zum Teil recht unklare und bedenkliche Anschauungen eingerissen sind. Die Grenzen zwischen Lied und freier Solokantate sind vermischt, wir haben Orchester- und gesprochene „Lieder", die die frühere Zeit unter Arie, Arioso und Melodram gebucht hätte. Gegen diese freien Formen als solche ist natürlich nichts zu sagen, die Frage ist nur, wie sich Dichtung und Musik darunter vereinigen lassen. Ist der Text nur für die Komposition bestimmt, wie z. B. E. Neumeisters in der Kantate, so mag der Musiker alle seine Künste frei spielen lassen; die Lyrik Goethes und seiner großen Nachfolger dagegen verlangt, und zwar mit Recht, auch noch in ihrer Verbindung mit der Musik als selbständige Kunst anerkannt zu werden und nicht bloß als musikalisches „Libretto" zu gelten.

Der Standpunkt Goethes

Goethe selbst und seine Zeit haben diese Schwierigkeiten wohl gefühlt. Sie hielten die Grundsätze der zweiten Berliner Schule für das beste Mittel, ihrer Herr zu werden. Reichardts und Zelters Lieder stellten für den Dichter das äußerste Maß von Freiheit dar, das er dem Musiker im Liede zugestand, und er hat an diesem Standpunkt zeitlebens festgehalten, zumal da er in Gluck und seinen Kompositionen Klopstockscher Oden einen Bundesgenossen gefunden hatte, der jenes Ideal noch ungleich reiner als jene beiden verwirklichte. Es scheint fast, als hätte Gluck mit der Wahl der Klopstockschen Oden bewußt ein Muster dafür aufstellen wollen, wie die Musiker der neuen Lyrik gerecht werden konnten, ohne den Dichtern zu nahezutreten. Gluck berührt sich mit den Berlinern in ungemein vielen Punkten, im entscheidenden aber geht er meilenweit über sie hinaus. Denn für ihn waren ihre Regeln keine starren und toten Grundsätze mehr, sondern lebendige Kräfte. Bei Krause und den Seinen waren alle Lieder praktische Illustrationen einer vorher festgestellten Theorie gewesen, bei Gluck fiel der musikalische Schöpfer mit dem Theoretiker zusammen, denn seine „Theorie" war nicht erklügelt, sondern erlebt, und seine Lieder vermochten deshalb auch bei den Hörern Leben und Begeisterung zu wecken. In Stücken wie den „Frühen Gräbern" ist jene innere Musik des Gedichtes in vollendeter Weise in Tönen aufgefangen. Rhythmus und Tonfall der Melodie wachsen wie von selbst aus der Dichtung hervor, und doch hat man nicht den Eindruck des bloßen Nachzeichnens der Sprachmelodie, sondern es kommt, namentlich von den Worten „Sehet, er bleibt" an, noch etwas spezifisch Musikalisches hinzu, das man nicht anders als mit dem Worte „Stimmung" bezeichnen kann, das leise Atmen der Seele, das sich hier unmittelbar in Töne umfingt. Hier haben wir schon etwas wie ein modernes „Stimmungslied" vor uns. Unter den zahlreichen Bewunderern dieser Sammlung befand sich auch Goethe, der sich dadurch sogar zur Gestaltung der Arien in seinen Singspielen anregen ließ. An Kayser schreibt er einmal in diesem Zusammenhang: „Ferner waren mir seine (Glucks) Kompositionen der Klopstockschen Gedichte, die er in einen musikalischen Rhythmus gezaubert hatte, merkwürdig."[18]

---

[18] Brief vom 23. Januar 1786.

Im letzten Kapitel dieser Schrift wird noch zu zeigen sein, wie Goethe durch Herders Anregung zu seinen mit innerer Musik förmlich durchtränkten Dichtungen in freien Rhythmen gekommen ist, die er bald Hymnen, bald Dithyramben, bald Rhapsodien nennt. Herder hat Goethe aber in Straßburg auch auf die musikalische Seite des Volksliedes hingewiesen, und von diesem ist seine Liederästhetik fortan stark beeinflußt. Es ist kein Zufall, daß von der Straßburger Zeit an seine Lyrik jenen echt musikalischen Unterton erhält, der sie so scharf von aller früheren scheidet. Bei Gedichten wie zum Beispiel dem Heidenröslein von 1771 hätte Schulz schon in der Dichtung seinen „Schein des Bekannten" wahrnehmen können. Das Volkslied aber ist strophisch, und diese Form erschien Goethe ganz im Sinn der älteren Zeit grundsätzlich auch für das Kunstlied als die einzig richtige. Sein Bericht über den Vortrag des Tenoristen Ehlers[19] gibt uns ein klares Bild von dem, was er vom Liedersänger verlangte, nämlich genauste Präzision der Textworte, das „Studieren des eigentlichsten Ausdrucks, der darin besteht, daß der Sänger nach e i n e r Melodie die verschiedene Bedeutung der einzelnen Strophen hervorzuheben und so die Pflicht des Lyrikers und Epikers zugleich zu erfüllen weiß." Ganz folgerichtig verwarf Goethe darum auch das Durchkomponieren eines Liedes ganz, weil dadurch „der allgemein lyrische Charakter ganz aufgehoben und eine falsche Teilnahme am Einzelnen gefordert und erregt wird." Es verschlug ihm dabei nichts, daß es sich mitunter um Balladen von vielen

---

[19] Annalen 1801.

Strophen handelte. Hier hatte eben der Sänger einzuspringen und die Strophenmelodie bei jeder Wiederkehr im Ausdruck neu abzuschattieren. Das war damals durchaus nichts Neues; hat doch J. Ph. Kirnberger 1780 alle zweiunddreißig Strophen von Bürgers „Lenore" auf dieselbe uns reichlich trocken und ledern erscheinende Melodie singen lassen. Die im strophischen Prinzip liegenden Schwierigkeiten sind der Berliner Liederästhetik durchaus nicht entgangen, und sie hat auch dafür ihre Regeln aufgestellt. In letzter Linie aber vertraute auch sie auf die Kunst des vortragenden Sängers. Wie streng Goethe auf einen deutlichen Vortrag beim Gesange hielt, zeigt noch in den „Wahlverwandtschaften" der ironische Seitenhieb bei Gelegenheit des Gesanges Lucianes: „Was die Worte betraf, so verstand man sie so wenig, als wenn sonst eine deutsche Schöne zur Gitarre singt" Eine deutliche Aussprache, vor allem auch der Konsonanten, war das erste, was er vom Sänger verlangte, und von Lucianens Vortrag wird weiterhin berichtet, man hätte dabei „nichts als Vokale gehört und die nicht einmal alle".

Diese Kunst feiner Abschattierung beim Vortrag verlangte Goethe aber nicht allein vom Sänger, sondern auch vom Deklamator. Er selbst besaß nicht allein ein feines Ohr dafür, sondern auch die Fähigkeit, selbst mit gutem Beispiel voranzugehen. Nach dem Bericht des Offenbacher Pfarrers Ewald war feine Stimme beim Vortrag von Gedichten von einer ganz außerordentlichen Modulationsfähigkeit, die den Ausdruck vermittels allerkleinster, musikalisch natürlich nicht mehr bestimmbarer, aber doch deutlich wahrnehmbarer Intervalle abzustufen pflegte. In einem weiteren Zusammenhang damit stehen seine „Regeln für Schauspieler", die seine Anschauungen zum Nutzen der Bühne in die Praxis umzusetzen bestimmt waren und häufige Parallelen zum musikalischen Vortrag enthalten. Trat er doch nicht selten auf den Proben vor seine Schauspieler, wie ein Kapellmeister vor sein Orchester, einer Überlieferung nach sogar mit einem Taktstock. Auch Wilhelm Meister stellt seinen Schauspielern ein Orchester als Muster künstlerischen Zusammenwirkens hin, wobei jeder einzelne sich selbstlos in den Dienst des Kunstwerks stelle: „Sollten wir nicht ebenso genau und ebenso geistreich zu Werke gehen, da wir eine Kunst treiben, die noch viel zarter als jede Art von Musik ist, da wir die gewöhnlichsten und seltensten Äußerungen der Menschheit geschmackvoll und ergötzend darzustellen berufen sind?[20] Eine Stelle, die übrigens für Goethes Verhältnis zur Instrumentalmusik ungemein bezeichnend ist!

Goethes bekanntes Wort an Rochlitz, er verhalte sich „gegen Musik nur empfindend und nicht urteilend", kann demnach, soweit das Lied in Frage kommt, nur mit starkem Vorbehalt angenommen werden. Auch ganz abgesehen von dem neuen, musikalischen Ton, der mit ihm in die deutsche Dichtung einzieht und auch der Komposition Aussichten eröffnet hat, von denen er selbst allerdings kaum etwas geahnt hat, lernen wir ihn als einen Künstler kennen, der mit der Entwicklung des Liedes zu seiner Zeit und den damit verknüpften Grundfragen völlig vertraut ist und dabei seinen eige-

---

[20] Lehrjahre IV 2.

nen – und zwar für seine Zeit durchaus fortschrittlichen und weitherzigen – Standpunkt vertritt. Das grundsätzliche Festhalten am Herrscherrechte des Dichters im Liede sollte man Goethe am wenigsten verargen. Er wäre einfach nicht Goethe, wenn er sich zu Schubert „bekehrt" hätte. Aber nicht nur von geschichtlichen, sondern auch vom allgemein ästhetischen Standpunkt aus wäre es an der Zeit, daß die modernen Jeremiaden über den betrüblichen „Fall" Goethe-Schubert verstummten. Denn bei allem berechtigten Stolz über die Hochblüte des Liedes seit Schubert, die zum großen Teil mittelbar durch Goethe hervorgerufen ist, darf man sich doch die Frage vorlegen, ob bei dem erneuten starken Vorstoß der Musik das Grundproblem des Verhältnisses von Wort und Ton im Liede immer in so idealer Weise gelöst worden ist. Hat sich nicht zum Beispiel noch Beethoven große Zurückhaltung auferlegt und das Strophenlied auffallend bevorzugt?

Es wäre endlich völlig verfehlt, wollte man Goethes Liedästhetik ohne weiteres auch auf die übrigen Gattungen der Vokalmusik übertragen. Daß er alles eher als ein Doktrinär war, lehrt vielmehr deutlich sein Verhältnis zur zweiten Gattung, mit deren Wesen er sich eingehend beschäftigt hat, der Oper. Hier sehen wir ihn zum Teil gerade entgegengesetzte Pfade einschlagen.

Die Oper

Das ernste Musikdrama und Gluck

Ist das Lied und alles, was damit zusammenhing, für Goethe zeitlebens eine persönliche Angelegenheit geblieben, so wurde ihm die Beschäftigung mit der Oper mehr und mehr von außen her nahe gelegt, ja, sie gehörte während der langen Jahre seiner Weimar" Theaterleitung geradeswegs zu seinen Amtspflichten. Damit ist freilich nicht gesagt, daß er der Oper gleichgültig oder gar mit Widerwillen gegenübergestanden hätte. Sie hat ihn im Gegenteil mit allen ihren Problemen aufs lebhafteste gefesselt. Seine Äußerungen über sie sind zahlreicher und ausführlicher als über das Lied, und ihre Spuren zeigen sich nicht allein in seinen eigentlichen Beiträgen dazu, sondern ziehen sich mehr und mehr in sein gesamtes dichterisches Schaffen hinein.

Die Oper befand sich zur Zeit seines Eingreifens in einem nicht minder kritischen Stadium ihrer Entwicklung als das Lied. Die beiden Hauptformen der älteren Zeit, die italienische *Opera seria* und die französische *Tragédie lyrique*, waren zwar durch Gluck und die verschiedenen national-volkstümlichen Strömungen noch nicht völlig verdrängt, aber doch mehr oder weniger der Zersetzung und Auflösung nahe. Die neue Zeit forderte auch im Operntheater ihr Recht. Im Grunde war die Entwicklung ganz ähnlich wie im Liede. Im Laufe der letzten hundert Jahre hatten sich die Musiker bald in gutem, bald in schlechtem Sinne der Herrschaft im musikalischen Drama bemächtigt, ihrem Geist und ihrer Formenwelt hatten sich die Dichter immer mehr angepaßt. So war eine Dramatik entstanden, die von der modernen himmelweit verschieden ist und deshalb wiederum nicht mit unsern Maßstäben gemessen werden darf. Sie hat ganz andre Begriffe von dramatischer Handlung und dramatischer Charakteristik und kennt vor allem keine individuell-psychologische Entwicklung in unserm Sinne. Der einzelne Mensch ist für sie überhaupt nicht das Maß aller Dinge, sondern gewinnt seine Bedeutung erst als Träger und Verkünder des Allgemein-Menschlichen, Typischen, Ewigen. So nähern sich die Gestalten zum Beispiel M e t a s t a s i o s, wohl des gefeiertsten Librettisten aller Zeiten, alle mehr oder minder der Allegorie, sie „entwickeln sich" nicht, sondern erhalten allein von der Idee, die sie verkörpern, ihr Leben. Aber auch die Grundideen der ganzen Dramen werden nur in ihrem Sein, nie in ihrem Werden dargestellt. Der ganze dramatische Verlauf besteht somit aus dem Auf und Ab einer Reihe von kontrastierenden Gefühlsbildern, die, aus dem Geiste der Musik heraus geboren, allein auch durch eine weitgespannte musikalische Architektonik zur Einheit zusammengeschlossen werden. Das formale Einzelglied, die dreiteilige Dakapoarie, hat als solches ebenfalls kein Sonderrecht, sondern gewinnt seine Bedeutung erst durch seine auf musikalischem

Wege bewerkstelligte Verklammerung innerhalb des Ganzen. Das ist der Sinn der vielgeschmähten „Nummernoper"; auch sie ist kein Produkt der Gedankenlosigkeit oder Willkür, sondern ergab sich mit innerer Notwendigkeit aus den geistigen Bedürfnissen ihrer Zeit. Ihre einzelnen Pfeiler schließen sich nach oben zu einem breitgeschwungenen, in die Weite und Höhe weisenden Hallenbau zusammen. Daß es neben den ernsten und großen auch ungeschickte und leichtsinnige Baumeister gegeben hat, tut dem Prinzip selbst keinen Abbruch.

Aber auch dieser stolze und lange Jahrzehnte als der Gipfel aller Dramatik gepriesene Bau fiel schließlich mit unheimlicher Raschheit dem Umschwung um die Mitte des Jahrhunderts zum Opfer, weil das hier vertretene Weltbild die neue Generation durch seine Enge abstieß. Tatsächlich war es auch bei Metastasio echt rationalistisch auf die Anschauungen der gesellschaftlichen Konvention beschränkt geblieben. Was jenseits dieser Kultur höfischer und geselliger Formen liegt, ist auch für ihn einfach nicht vorhanden. So wurde die alte Oper in den Sturz des Rationalismus mit hineingerissen. Ihr Geist galt dem jungen Geschlechte als prunkvoller Schein, ihre Figuren als geschminkte, seelenlose Puppen. Es ist sehr bezeichnend, daß gerade Goethe in seiner Opernästhetik sie als die einzige Gattung einfach abgelehnt hat. Er erblickte in ihr nur noch eine Ausstattungs- und Maschinenkunst: „Was aus dem Prunk entstanden ist, kann nicht zur Kunst zurückkehren; was sich vom

Scheine herschreibt, kann keine höheren Forderungen befriedigen."[21]

Nun war ja Gluck eine Erneuerung der alten Gefühlsdramatik gelungen, indem er seinen Reformopern an Stelle der zeitlich bedingten und nunmehr veralteten Konvention wieder allgemeine Menschheitsideen und elementare Gefühlskontraste zugrunde legte. Goethe war gleich Schiller ein eifriger Verehrer des Meisters und bekennt offen, für seine eigenen Arbeiten ungemein viel von ihm gelernt zu haben, besonders was die Durchbrechung der regelmäßigen Versmaße anbetrifft.[22] Und doch hat er mit einer einzigen, dazu noch in den Anfängen stecken gebliebenen Ausnahme keinen Operntext Gluckschen Stiles geschrieben. War es die immer noch stark nach Rationalismus schmeckende Schaffensart Glucks oder sein Drang nach dem Abstrakten, Überindividuellen, das seiner eigenen, auf die sinnliche Anschauung gerichteten Art widerstrebte? Umso stärker macht sich freilich, wie noch näher zu zeigen sein wird, der Glucksche Geist und die Glucksche Formenwelt in seinem eigenen dichterischen Schaffen geltend, namentlich bei feinen Versuchen, den Chor für das Drama wiederzugewinnen.

Die volkstümlichen Operngattungen

Sein Hauptaugenmerk in der Oper galt dagegen einer andern Gattung, die, in vollem Gegensatz zur älteren

---

[21] Anmerkungen zu Rameaus Neffen (Lully). S. auch oben S. 25.
[22] Vgl. den oben genannten Brief an Kayser.

begründet und von den einzelnen Nationen verschieden, ausgebaut, sich schließlich nach harten Kämpfen die Zukunft erobert hat. Mag sie sich in Italien *Opera buffa*, in Frankreich *Opera comique*, in Deutschland Singspiel nennen, es handelt sich überall doch um dieselben künstlerischen Ziele. Sie offenbaren ein ganz andres Verhältnis zur Wirklichkeit: an Stelle des Typischen tritt das Individuelle, die reale Welt und oft genug die des ewig Gestrigen. Der einzelne Mensch beginnt mit allen seinen dumpfen Trieben, Eigenheiten und Schrullen sein Recht auch auf der Opernbühne zu fordern. Gewiß bedient sich namentlich die *Opera buffa* mit ihren Charaktermasken auch noch bestimmter Typen, aber es sind keine verstandesmäßigen Konstruktionen, sondern sie knüpfen gleichfalls an das wirkliche Leben mit seinen verschiedenen Ständen an, dem Gelehrten, Soldaten und anderen.

Alle diese Gestalten stehen ferner nicht als etwas von vornherein Fertiges und Abgeschlossenes da, sondern zeigen die Neigung, sich zu entwickeln, und darin liegt ein weiterer grundsätzlicher Fortschritt. Bei den Franzosen kam außerdem noch das Bestreben hinzu, den einzelnen Menschen nicht bloß für sich allein, sondern inmitten seines ganzen äußeren Lebenskreises auf die Bühne zu bringen. Die Quelle (Diderot) zeigt dabei ganz deutlich, worauf die Sache schließlich hinauslief: auf eine engere Anlehnung des gesungenen Dramas an das gesprochene, auf eine Literarisierung der Oper. Waren doch auch in Italien die Hauptbuffolibrettisten, Goldoni, Gozzi und andere, zugleich Vertreter des

Sprechdramas, während Metastasio andererseits nur das gesungene im Auge hatte. In Frankreich und Deutschland vollends ist die neue Opernkunst von Haus aus aufs engste mit dem Schauspiel verwachsen, und die Pariser Erzeugnisse führen sich noch lange als „*comédies mêlées d'ariettes*" ein.

Natürlich verschiebt sich damit auch der Begriff der dramatischen Handlung. Die neue Kunst stützt sich von Anfang an mit wahrem Feuereifer auf die Handlung als solche, ja, sie ist zeitweise vom rein Stofflichen so überwältigt, daß sie nicht bloß die Welt des Alltags bis in ihre fernsten Winkel hinein durchstöbert, sondern auch noch Himmel und Hölle in Bewegung setzt. Diese Handlungen sind auch nicht mehr das Sinnbild bestimmter allgemeiner Wahrheiten, die sie erläutern sollen, sondern beruhen rein auf sich. Man liebt die stofflichen Überraschungen, Spannungen und Steigerungen um ihrer selbst willen, nicht selten sogar auf Kosten der Logik und des gesunden Menschenverstandes. Dieser ganzen Richtung auf das Individuelle entspricht aber auch eine ganz andre Formenwelt. Die dreiteilige Arie ist nur e i n e Form neben vielen andern, unter denen die volkstümlichen Liedformen überwiegen, und namentlich die steigende Bedeutung der Ensemblesätze offenbart deutlich den großen Wert, den man jetzt auf das Sinnliche, Greifbare legte.

Dazu gesellt sich endlich eine weit stärkere Betonung der mimischen Darstellung in der Oper. Der „Akteur" ist nicht minder wichtig als der Komponist, der Dichter aber oft genug nur der Handlanger beider.

Niemand hat das schärfer erkannt als Goethe. Er schreibt von Italien aus an Ph. Seidel: „Wäre diese Claudine (von Villabella) komponiert und vorgestellt, wie sie geschrieben ist, so solltest Du anders reden. Was Musikus, Akteur, Dekorateur dazutun müssen, und was es überhaupt heißt, ein solches Ganze von seiner Seite anzulegen, daß die übrigen mitarbeiten und mitwirken können, kann der Leser nicht hinzutun und glaubt doch immer, er müsse es können, weil es geschrieben oder gedruckt ist." In der Oper erkennt also Goethe die Rechte seiner Mitarbeiter nicht nur an, sondern ordnet sich ihnen sogar willig unter. Besonders dem Musiker, den er im Liede so straff am Gängelband hielt. Er hat sich tatsächlich, wo er nur immer für die Oper schrieb, stets als Librettisten betrachtet und nicht als selbständigen Dichter, auch da, wo er eigene Erlebnisse einflocht, und darum auch alle diese Werke einmal bescheiden „Zwischenstundenarbeiten" genannt.

Seinem Freunde Kayser riet er 1785 bezüglich der Opernkomposition: „Gehen Sie der Poesie nach wie ein Waldwasser den Feldräumen, Ritzen, Vorsprüngen und Abfällen und machen die Kaskade erst lebendig", und an Reichardt schrieb er 1790: „Um so etwas zu machen, muß man alles poetische Gewissen nach dem edlen Beispiel der Italiener ablegen." Aus diesen drastischen, halb ironisch gemeinten Worten spricht nicht etwa ein erklärter Feind, sondern ein feiner Kenner der Oper, dem wohl bewußt war, daß hier, um mit Mozart zu reden, „die Poesie die gehorsame Tochter der Musik sei".

Goethes Singspiele

Goethes Tätigkeit für die Oper beginnt mit den beiden Singspielen „E r w i n   u n d   E l m i r e" 1775 und „C l a u d i n e v o n V i l l a b e l l a" 1776. Diese Gattung war, wie er selbst richtig erkannte, zwar der Sprache nach deutsch, in ihren ganzen geistigen Zielen und in ihrer Formenwelt jedoch ein Absenker der französischen *comédie mêlée d'ariettes*. Sie hat deren Wandlungen getreu mitgemacht, von den älteren Bauern- und Handwerkerstücken bis zu den „romantischen" mit ihren Zaubereien, ihren abenteuerlichen Rettungsgeschichten und ihren Erlösungsideen. Vor allem ist ihr stark sozial gefärbter Charakter zu bemerken, der sie für die Kulturgeschichte ihrer Zeit so wichtig macht. Schon Weiße-Hillers „Lottchen am Hofe" war ein literarischer Sturmvogel der Revolution, lange vor Beaumarchais' Figaro. Später wurde das Singspiel der Haupttummelplatz Rousseauscher Ideen. Claudines Worte an Pedro bei Goethe: „Je näher wir der Natur sind, desto näher fühlen wir uns der Gottheit, und unser Herz fließt unaussprechlich in Freuden über" könnten ohne weiteres in einem Operntext Sedaines stehen, ebenso das Gespräch Crugantinos mit Gonzalo, der seinen Bauern als eigentlichen Sohn der Natur preist, gegenüber den „Firlefanzereien" des Städters und Höflings, und außerdem noch ein anderes Lieblingsthema des Singspiels behandelt, den Gegensatz der „guten alten" Zeit zur heutigen verderbten, ebenso wie das Mutter Olympia gleich am Anfang von „Erwin und Elmire" tut. Endlich ist auch die Vagabundengesellschaft Crugantinos durchaus im Sinne der *Opéra comique*. Die Anlehnung an das ältere Singspiel geht sogar bis in einzelne Szenen- und Liedertypen hinein, wie im „Erwin" „Ein Schauspiel für Götter", „Sie scheinen zu spielen voll Leichtsinn und Trug" oder in der „Claudine" das Duett „Treue Herzen! Männer scherzen über treue Liebe nur", das bekannte „Mit Mädeln sich geschlagen" mit seinem französischen „kling klang, dik dak und krik krak" und das balladenhafte „Es war ein Buhle frech genug", das auf die französischen Mandolinenlieder zurückgeht. Auch Basko mit seinem Nachtigallenapparat entspricht ganz diesem Stil.

Und doch bedeuteten schon diese ersten und einfachsten Beiträge Goethes eine beträchtliche Erweiterung der Gattung. Man merkt deutlich, daß sie nicht wie die landläufigen Singspiele für das große Publikum, sondern für die gebildete Weimarer Hofgesellschaft bestimmt sind. Schon in der Wahl der Stoffe gehen sie ihren eigenen Weg; „Erwin" folgt einer Romanze von Goldsmiths *Vicar of Wakefield*, „Claudine" einer spanischen Vorlage. Von einem solchen Selbständigkeitsdrang haben sich die Durchschnittslibrettisten nie beschwert gefühlt. Mit den eingelegten Gesängen Goethes, auch den absichtlich opernhaft gehaltenen, vermochten sie den Wettbewerb vollends nicht auszuhalten; enthielt doch schon der „Erwin" Perlen wie das „Veilchen" und „Ihr verblühet, süße Rosen". Aber auch bei ihnen vergaß Goethe nie, daß er für den Musiker arbeitete. Schon in diesen Gesangstexten offenbart sich eine staunenswerte Vertrautheit mit der Formenwelt der damaligen Oper. Besonders häufig hat er die dreiteilige Dakapoarie im

Sinn (vgl. „Hin ist hin und tot ist tot" und „Ihr verblühet" in „Erwin und Elmire"). Aber auch die damals beliebte mehrteilige kommt vor, wie in Elmirens „Mit vollen Atemzügen saug' ich, Natur, aus dir" (vierteilig, mit stetig wechselnden Rhythmen). Endlich finden wir noch andre Formen, die das deutsche Singspiel von den Franzosen entlehnt hatte, wie die rondoartige im Gesange Elmirens „Sieh mich, Heil'ger, wie ich bin" und besonders das große Chorvaudeville „Fröhlicher, seliger, herrlicher Tag", mit dem „Claudine von Villabella" beginnt. Dagegen nähert sich der große Ensemblesatz „Schönste! Wie, Schönste, hier find' ich dich wieder" gegen Ende des Stückes dem italienischen Buffofinale, auf das auch die Bezeichnung „Tutti" hinweist. Einmal schreibt Goethe im „Erwin", augenscheinlich in Erinnerung an die französische Opernpraxis, ein Orchesterzwischenspiel vor, bei der Wiedererkennungsszene des Liebespaars, mit den Worten: „Die Musik wage es, die Gefühle dieser Pausen auszudrücken."

Die beiden Singspiele „L i l a" und „D i e F i s c h e r i n" (1776 und 1782) folgen demselben Typus, sind aber doch mehr improvisierte Gelegenheitsarbeiten. Auch sie fallen dem Inhalt und in mancher Hinsicht auch der Form nach aus dem gewöhnlichen Rahmen heraus. Die „Lila" hätte man mit ihren Feen- und Geisterszenen in Paris eine *„comédie féerie mêlée d'ariettes"* genannt. Gerade diese Szenen bedingen aber auch ein auffallendes Hervortreten des Chors, dessen Partien hier fast ebenso zahlreich sind wie die Sologesänge. Fängt doch der musikalische Teil des Werks erst mit der Feerie des zweiten Aufzugs an, während der erste mit Ausnahme des als bekannt vorausgesetzten Ballettes ganz ohne Musik bleibt. Goethe handhabt den Chor mit äußerster, echt französischer Schmiegsamkeit; sogar der „Chor hinter der Szene" fehlt nicht, und durch die Verbindung von Solo und Chor ergeben sich, wie im zweiten Aufzug und am Schluß, große musikalische Komplexe; gegen Schluß tritt zum Chore nach gut französischem Brauche auch noch das Ballett hinzu. Wenn in andern Singspielen der Zeit die Geisterwelt auftritt, so geschieht das entweder im Sinne frostiger Allegorie oder mit einem leise ironischen Beigeschmack; die Geister singen meist als handfeste, zum Teil recht spießbürgerliche Erdenkinder, ein Beweis, wie ferne man damals noch der späteren Romantik stand. Bei Goethe dient der ganze Apparat lediglich einem symbolischen Spiele, dessen Kerngedanken gleich zu Anfang der Magus in dem schönen Gesange „Feiger Gedanken bängliches Schwanken" ausspricht.

Bei der „Fischerin" tritt der Stegreifcharakter noch deutlicher hervor, und doch weicht auch sie stark von den herkömmlichen Geleisen ab. Sie macht einheimische Eindrücke von Landschaft und Volk lebendig, wie kein zweites damaliges Singspiel. Zwar bildet auch hier den musikalischen Höhepunkt ein großes Ensemble mit Soli, aber der Schwerpunkt ruht doch auf den Einzelgesängen. Goethe hat hier statt der üblichen, nur zu oft mißglückten „Lieder im Volkston" verschiedene Griffe in den echten Volksliederschatz Herders getan; ein englisches („Es war ein Ritter, er reist durchs Land"), ein litauisches („Ich hab's gesagt schon meiner Mutter") und ein wendisches („Wer soll Braut sein") Lied seinem Werke eingefügt und sich zu dem berühmtesten Stück, dem „Erlkönig", durch eine dänische Vorlage anregen lassen.

„J e r y u n d B ä t e l y", das zeitlich zwischen den beiden zuletzt genannten steht (1779), kommt textlich dem gewöhnlichen Singspiel am nächsten; denn die Umstimmung eines spröden Mädchens zugunsten ihres Liebhabers durch List ist ein sehr beliebter Vorwurf gewesen. Neu aber ist die schweizerische Umgebung und die dramatische Technik, die einen großen Fortschritt aufweist. Goethes Briefe an Kayser, der das Werkchen komponieren sollte, zeigen eine bedeutende Klärung seiner Opernanschauungen. Er bekennt, daß es ihm vor allem darum zu tun war, „eine Menge Gemütsbewegungen in einer lebhaft fortgehenden Handlung vorzubringen und sie in einer solchen Reihe folgen zu lassen, daß der Komponist sowohl in Übergängen als Kontrasten seine Meisterschaft zeigen kann". Obgleich es sich auch hier noch um ein Schauspiel mit Gesängen handelt, zieht Goethe doch das Band zwischen Dichtung und Musik enger, indem er von dieser eine freiere und individuellere Entfaltung fordert. Nicht jede Lied- und Arienform scheint ihm an jedem Orte möglich, er gibt seinem Komponisten vielmehr eine Art von Formenlehre an die Hand, die bereits eine genauere Vertrautheit mit der italienischen *Opera buffa* voraussetzt. Er unterscheidet nämlich dreierlei Arten von Gesängen, erstens solche, „von denen man supponieret, daß der Singende sie irgendwo auswendig gelernt und sie nun in ein und der andern Situation anbringt" – bei dieser Gattung greift er sogar auf das in der damaligen Gesangsmusik sehr beliebte Quodlibet zurück – , zweitens solche, „wo die Person die Empfindung des Augenblicks ausdrückt und ganz in ihr verloren aus dem Grunde des Herzens singt", also die eigentliche Arie, und endlich den „rhythmischen Dialog", der sich über die Prosa erhebt, die Handlung mit schwererem Empfindungsausdruck weiterführt und deshalb einer nachdrücklichen Unterstützung durch die Musik bedarf. Gerade dieser rhythmische Dialog weist besonders auf die Italiener hin, dem deutschen Singspiel ist er von Hause aus unbekannt. Gegen den Schluß des Stückes führt er sogar, wie Goethe auf gut Italienisch sagt, zu einem „ungeheuren langen Final", wie es sich in keinem der früheren Singspiele findet. Dem Geiste nach ist dieses Finale allerdings eher französisch als italienisch, denn es verzichtet auf die burleske Situationskomik der Italiener und weiß mit der Art, wie Thomas die Verwirrung mit seinem Quodlibet löst und die Schlußmoral *ad spectatores* verkündet, deutlich auf Paris hin. An französischen Brauch gemahnt endlich auch die bedeutungsvolle Wiederholung von Jerys schöner Strophe „Es rauschen die Wasser, die Wolken vergehn", der dichterischen Perle des Ganzen, in der Schlußpartie. Hier liegen die ersten Keime des modernen Erinnerungsmotives, und einen ähnlichen Weg hat Goethe ja auch im „Faust" eingeschlagen, als er Gretchens

„Ach neige, du Schmerzenreiche" am Schluß des zweiten Teiles wieder vernehmlich anklingen ließ.

Goethe und die *Opera buffa*

In den achtziger Jahren begann, dank den Ausführungen der Bellomoschen Truppe, das französische Muster dem italienischen gegenüber zu verblassen. Zugleich aber nahmen Goethes Opernpläne einen weit höheren Flug: was er jetzt leistete, sollte nicht mehr bloß dem Weimarer Hof, sondern dem gesamten deutschen Opernleben zugute kommen und zu diesem Zwecke sowohl die textliche als die musikalische Seite der Oper auf eine höhere Stufe gebracht werden. Die Dichtung sollte, unbeschadet des musikalischen Grundcharakters der Oper, doch einen selbständigeren eigenen Wert und eine gewählten Form erhalten, in der Musik aber ein stilvollerer Ausgleich zwischen deklamierten und gesungenen Partien erreicht werden, wobei Goethe immer stärker das ästhetische Mißverhältnis zwischen dem gesprochenen Dialog und den Musikstücken zum Bewußtsein kam. Er erkannte, daß die Italiener mit ihrem Sekkorezitativ hier stilistisch weit im Vorteil waren, und das war einer der Hauptgründe, warum er sich jetzt mit allem Eifer ihrer komischen Oper zuwandte. Sie beherrschte damals unter zweierlei Gestalten die Bühne, als Intermezzo und als volle, mehraktige Oper. Während diese eine voll ausgebildete musikalische Komödie war, die sich ihrem Charakter nach in ziemlich getreuem Anschluß an die gesprochene entwickelte, war jenes von Hause aus als Einlage in die Zwischenakte einer tragischen Oper gedacht und auf wenige Szenen und Personen beschränkt. Kayser scheint Goethes Teilnahme 1784 durch seine italienischen Reiseberichte noch gesteigert zu haben, und wie immer, so hatte sie auch jetzt einen eigenen dichterischen Versuch zur Folge, das Singspiel „S c h e r z, L i s t u n d R a c h e", zu dessen Komposition Kayser ausersehen wurde. Schon im August 1784 lag der Text fertig vor. Es ist ein merkwürdiges Gemisch von Volloper und Intermezzo. Von diesem stammt die geringe Anzahl der handelnden Personen und der ganze Charakter der Handlung, der auf „Betrug und Beschämung eines alten, verliebten Gecken hinausläuft", von jener die Vierzahl der Akte und die Menge und Mannigfaltigkeit der Musikstücke. Es reizte den Dichter, wie er selbst an Kayser schreibt, „mit Sparsamkeit und Kargheit in einem engen Kreise viel zu wirken". Das Ergebnis hat freilich später starke Bedenken bei ihm erregt; das Stück kam ihm für eine Oper mit Handlung zu überladen und für die drei Personen kaum ausführbar vor. Auch befürchtete er die Gefahr klanglicher Einförmigkeit, da die Ensembles sich nur bis zum Terzett steigern ließen und ein Chor überhaupt nicht vorkam. Diese Besorgnis war freilich unbegründet, da in der *Opera buffa* dergleichen durchaus nicht selten war. Ein geborenes Buffotalent vermöchte auch heute noch aus dem Werke etwas zu machen.

Inhalt und Form verraten eine ganz erstaunliche Kenntnis von Stil und Technik der *Opera buffa*. Nicht allein der geizige Doktor und das verschmitzte Liebespaar Scapin und Scapine sind bekannten italienischen Typen nachgebildet; auch die derbe Prellerei des Alten entspricht dem italienischen Brauch, dazu kommen zahlreiche, aus der *Opera buffa* wohlbekannte Szenentypen im einzelnen. Scapine führt sich gleich mit einem der beliebten neapolitanischen Straßenverkäuferliedchen und außerdem zugleich als Prologus ein, der die ganze Vorgeschichte und zugleich die geplante Intrige enthüllt. Ihren Höhepunkt erreicht ihre Partie aber in der Vergiftungsgeschichte des dritten Aktes, dem Seitenstück zum zweiten Finale von Mozarts „*così fan tutte*". Hier bringt Goethe schließlich die in einer richtigen Buffooper unvermeidliche groteske Parodie auf die großen Unterweltsszenen der *Opera seria* an, indem die angeblich vergiftete Scapine bereits mit Charon über die Styx in Plutos Reich zu fahren glaubt, und ganz im Sinn der Italiener vermeint sie dann der Doktor dadurch von ihrem Wahne kurieren zu können, daß er darauf eingehend den wütenden Cerberus spielt, ebenfalls eine Lieblingsgestalt der italienischen Oper. Damit aber nicht genug: der vierte Akt bringt nach einer Parodie auf die Gewitterszenen der *seria* noch eine weitere auf deren berühmte Glanzstücke, die Geisterszenen, wobei Scapine dem verzweifelten Doktor noch als abgeschiedenes Gespenst erscheint. Auch ihr Partner Scapin und der Doktor haben ihre echten italienischen Szenen, jener in seinem Dialog zwischen Arzt und Patient im ersten Akt: „Arm und elend sollt' ich sein. Ach! Herr Doktor, erbarmt Euch mein!", der eine kleine Buffoszene für sich darstellt, der Doktor aber in seiner ärztlichen Verordnungsszene „Drei Messerspitzen von diesem Pulver" im zweiten, die zu den beliebtesten Vorwürfen der Buffokunst gehört. Auch die Freuden und Träume des sein Geld zählenden Doktors zu Beginn des zweiten Aktes sind in ihrem Ausdruck echt buffomäßig. Goethe hat sogar die Anleihen nicht verschmäht, die die Buffooper seiner Zeit bei der *Opera seria* zu machen pflegte. Wir verdanken ihnen den schönen Nachtgesang Scapines zu Anfang des vierten Aktes.

Dem italienisierenden Charakter des Stoffes entspricht natürlich auch die formale Behandlung. Zum ersten Mal fehlt der Prosadialog; an seine Stelle treten freie Rhythmen, wie sie das Sekkorezitativ liebt. Goethe selbst schreibt am 25. April 1785 an Kayser, er habe den Reim weder gesucht noch gemieden und nur an gehobenen Stellen des Dialogs, vor den Arien angebracht – offenbar eine unbewußte Erinnerung an Metastasio. Überhaupt herrscht in dem Stücke eine große rhythmische Beweglichkeit, die dem an den alten, regelmäßigen Gang gewöhnten Kayser Unbehagen verursachte. Goethe aber erwiderte ihm, daß er sich dergleichen bei gleichbleibendem Affekt gerne gefallen lasse, aber sich nach dem Vorbild Glucks doch für berechtigt halte, bei jedem Umschlag der Stimmung auch den rhythmischen Fluß umzulenken; er hoffe dadurch dem Komponisten manche Anregung zu geben. Man erkennt deutlich, was ihm vorschwebte: ein organisches Durchdringen des ganzen Dramas mit

Musik statt des alten mechanischen Aneinanderreihens von Prosadialog und Gesangsstücken. Der Gesang soll nicht auf einmal in die gesprochene Rede hineinplatzen, sondern allmählich vorbereitet werden, der Strom der Musik durch das ganze Stück hindurchgehen und bald schwächer, bald stärker anschwellen. Nur so kommt eine geschlossene Einheit zustande, wenn an die Stelle des Gegensatzes der Übergang tritt. Die freien Rhythmen in „Scherz, List und Rache" sind gewiß von denen zum Beispiel der „Proserpina" verschieden, denn Goethe war sich des volkstümlichen Grundwesens der ganzen Gattung wohl bewußt, und bezeichnenderweise nähern wir uns jenen Rhythmen am meisten in der parodistischen tragischen Unterweltsszene. Aber die Absicht ist doch hier dieselbe wie dort: schon der Poesie einen stärkeren musikalischen Charakter zu verleihen als bisher. Nur so glaubte er erreichen zu können, was ihm bei diesem Stücke vorschwebte: „Bewegung von Schalkheit zu Leidenschaft, von Leidenschaft zu Schalkheit".

„In allem Sinne etwas sedater" sollten die „U n g l e i c h e n   H a u s g e n o s s e n" sein, die Goethe unmittelbar nach „Scherz, List und Rache" begonnen, aber nicht vollendet hat. Er wollte darin „auch für die Rührung sorgen, welche die Darstellung der Zärtlichkeit so leicht erregt und wonach das gemeine Publikum so sehr sich sehnt". Während das frühere Werk demnach noch ein Buffostück alten Schlages war, schwenkte das neue zu jener späteren Art ab, die seit Piccinis „*Buona figliuola*" Komik und „Rührung" zu verbinden strebte. Auch war es als Buffooper größeren Stils mit zahlreichen Personen und fünf Akten angelegt. Es ist bis jetzt nicht gelungen, den Gang der Handlung mit Sicherheit festzustellen; wir wissen nur, daß es sich um die Versöhnung verschiedener nach „Wollen und Können, Tun und Lassen völlig einander entgegenstehender und entgegenwirkender Charaktere" handelte, die aber trotzdem voneinander nicht loskommen können, ein Motiv, das den Italienern ebenfalls wohlbekannt war. Echte Buffozüge fehlen auch hier nicht, wie zum Beispiel die Serenadenszene zu Beginn des vierten Aktes, in deren Verlauf der Poet nach sehr beliebter Buffomanier die einzelnen Instrumente anredet; der Komponist hatte die Aufgabe, sie der Reihe nach im Orchester aufmarschieren zu lassen. Der Entwurf verrät eine voll ausgebildete Buffooper mit Finales, von denen eines nach französischem Brauche als Vaudeville bezeichnet ist. Vor allem aber hat jene freie musikalische Rhythmik im Dialog, jenes beständige Schillern zwischen Poesie und Prosa, entschiedene Fortschritte gemacht. Der Komponist und der Sänger hatten hier die Möglichkeit, den Ausdruck aufs mannigfaltigste abzuschattieren, vom nüchternsten Sekko bis zur voll aufblühenden Lyrik. Das entsprach ja nun freilich nicht dem ursprünglichen, mehr sachlichen als musikalischen Wesen des italienischen Buffórezitativs, aber Goethe strebte eben eine stärkere Durchdringung dieser Teile mit Musik an – es war ein Weg, an dessen Ende die „durchkomponierte" Oper stand. Vielleicht steckte auch hier Gluck dahinter, der ja ähnliche Ziele verfolgte.

Aus der Zeit der italienischen Reise stammt Goethes resigniertes Bekenntnis, alles sein und Kaysers Bemühen, „uns im Einfachen und Beschränkten abzuschließen", sei durch Mozart und seine „Entführung" niedergeschlagen worden."[23] Diese Erkenntnis hat nun aber seine Tätigkeit für die Oper keineswegs unterbunden. Seine älteren Singspieltexte, diese bedeutendsten, von der dichterischen Seite aus unternommenen Versuche, die ganze Gattung der drohenden Versumpfung zu entreißen, haben zwar keine Nachfolger mehr gefunden und ebensowenig sein italienisches Intermezzo, dafür sehen wir ihn aber jetzt mit Nachdruck aus dem Kreise des „Einfachen und Beschränkten" heraustreten und sich den größeren, vielgestaltigeren Formen der Oper zuwenden. Schon die „Ungleichen Hausgenossen" weisen darauf hin, aber auch die beiden älteren Werke „Erwin" und „Claudine" wurden in Italien in diesem Sinne umgearbeitet. Nicht als hätte Goethe jetzt große Opernwerke aus ihnen gemacht, aber der Schritt vom alten „Schauspiel mit Gesang" zu einem vollen, der Musik weit größere Rechte einräumenden Singspiel ist doch ganz unverkennbar, und ganz deutlich ist der Einfluß der inzwischen bei der italienischen Buffokunst gemachten Erfahrungen. Die „Claudine" hat drei handlungsreiche Finales nach italienischer Art, und hier treffen wir auch die freieren Rhythmen wieder, allerdings unter auffallender Bevorzugung des trochäischen, die Goethe selbst dem Einfluß der Italiener zuschreibt; er glaubt, er eigne sich ganz besonders zur Musik, da er äußerst wandlungsfähig

---

[23] Ital. Reise, November 1787

sei, „wie überhaupt die Italieners auf glatte, einfache Silbenmaße und Rhythmen ausschließlich halten" – eine wiederum höchst treffende Beobachtung. Im übrigen aber schien ihm namentlich der Dialog der älteren Arbeiten verbesserungsbedürftig; er nannte ihn jetzt geradezu „Schülerarbeit oder vielmehr Sudelei". Aber auch diesmal blieb er im Stil: da es sich um gesprochenen Dialog und nicht um Rezitative handelte, so wählte er für diese Partien den Blankvers des gesprochenen Dramas. Diese Anlehnung an „Iphigenie" und „Tasso" vertrug sich nun freilich schwer mit der kleinbürgerlichen Welt der alten Singspiele. Goethe hat das gefühlt und den derben Ton ins Zierliche und Zarte abgedämpft, nicht immer zum Vorteil des Ganzen. Vollends mit der Einführung der beiden Doppelpaare ist ein opernhafter Zug im schlechten Sinne hineingekommen, der die neuen Fassungen, besonders die der „Claudine", nicht zu ihrem Vorteil von den alten scheidet.

Die späteren Opernfragmente

„Von dieser Zeit an hat Goethe kein Opernwerk mehr vollendet. An Entwürfen und Plänen fehlt es auch jetzt nicht, und so wenig wir uns von den einzelnen eine genauere Vorstellung machen können, so deutlich zeigen sie alle zusammen, daß Goethe an seinem Gedanken einer Reform des deutschen „lyrischen" Theaters zäh festgehalten hat. Sein Stoffkreis geht von jetzt an weit über den des Singspiels hinaus, wohl zunächst unter dem Einfluß Reichardts, er bringt aber auch ganz neue Stoffe hinzu, die in der landläufigen Opernkomposition zunächst noch fehlen, so vor allem Ossian, dessen sich die musikalische Dramatik weit später bemächtigt hat als die Lyrik; offenbar ist Goethe durch den Erfolg von Reichardts gallischer Oper „Brenno" in Berlin (1787) dazu angeregt worden. Man glaubt überhaupt zu fühlen, wie Reichardt den Dichter allmählich in seine eigene, Gluckisierende Richtung hineinzog. Sehr bezeichnend dafür ist der Plan zu den „D a n a i d e n" gegen Ende des Jahrhunderts; es ist das einzige Beispiel eines „ernsthaften Singstücks", wie man in Deutschland die *Opera seria* nannte; bei Goethe allerdings sollte darin „nach Art der älteren griechischen Tragödie der Chor als Hauptgegenstand erscheinen."[24] Das deutet wiederum auf Gluck hin, dessen Schüler Salieri bereits 1784 diesen alten, von Metastasio als Solooper behandelten Ipermestrastoff als Choroper auf die Pariser Bühne gebracht hatte. Daneben wurde aber auch das eigentliche Singspiel nicht vergessen, wie der 1795 begonnene „z w e i t e T e i l d e r Z a u b e r f l ö t e" beweist. Goethe gehörte wie Beethoven zu den einsichtigen Kritikern, die über der ungeschickten äußeren Einkleidung des Schikanederschen Textes dessen große, der Musik wie von selbst entgegenkommende dramatische Vorzüge nicht vergaßen, die starken Gefühlskontraste und die echte Bühnenwirksamkeit.[25] Nach wie vor ging, ganz im Sinne Mozarts, die Absicht Goethes dahin, „für den Komponisten das weiteste Feld zu er-

---

[24] Goethe-Zelter I 42.
[25] Gespräche mit Eckermann, Insel-Verlag 1908, II 358.

öffnen und von der höchsten Empfindung bis zum leichtesten Scherz sich durch alle Dichtungsarten durchzuwinden."[26] Die erhaltenen Bruchstücke bestätigen das durchaus. Wir sind zwar nicht mehr imstande, uns den Gang der Handlung im einzelnen mit Sicherheit vorzustellen, aber soviel ist sicher, daß die Schikanederschen Kontrastwirkungen hier eine gesteigerte Fortsetzung erfuhren. Zahlreich sind auch die direkten Anknüpfungen an den älteren Text; so tauchen die Szenen der Priester und die des Vogelfängerpaares, ja sogar die Wasser- und Feuerprobe wieder auf. Hinsichtlich der musikalischen Formenwelt ist dieser Text der reichste von allen, die Goethe geschrieben hat. Vor allem fällt der weit über Schikaneder hinausreichende Anteil des Chores auf. Gleich die erste Szene bringt ihn in Verbindung mit Monostatos' Bericht über das Schicksal von Taminos und Paminas Kind in einer selbständigen Rolle, die im damaligen Singspiel außergewöhnlich genannt werden muß. Auch die Gestaltung des Dialogs ist von äußerster Mannigfaltigkeit. Wir finden da, offenbar nach Schikaneders Vorbild, in der lehrhaften Szene der Priester, sowie in den niedrig komischen des Vogelfängerpaares die einfache Prosa, daneben aber scheint Goethe dem Rezitativ eine weit größere Rolle zugedacht zu haben als sein Vorgänger, denn neben der Prosa tauchen auch die freien Rhythmen von „Scherz, List und Rache" wieder auf, nur jetzt in ständiger Verbindung mit dem Reim, während der Blankvers der beiden älteren umgearbeiteten Singspie-

---

[26] Briefe, Weimarer Ausgabe XI 13.

le stark zurücktritt. In den geschlossenen Nummern wechseln die beliebten Trochäen mit andern, freieren Maßen ab. So enthält das Fragment alle Stilbestandteile, über die die Oper in jener Zeit überhaupt verfügte, von den großen Chorszenen mit Soli des Gluckschen Musikdramas an bis zum gesprochenen Dialog des deutschen Singspiels. Daß von ihm dem Inhalt nach deutlich erkennbare Fäden zum „Faust" hinüberführen, zu dem es als eine Art von Studie genannt werden darf, sei hier nur nebenbei erwähnt.

Nach längerer Pause taucht im Jahre 1814 mit dem Fragment „Der Löwenstuhl" ein neuer Stoff auf, derselbe, den Goethe bereits in seiner Ballade „Vom vertriebenen und zurückkehrenden Grafen" früher behandelt hatte. Die wenigen Bruchstücke, die wir davon haben, zeigen eine Annäherung an das damalige romantische Singspiel, vermischt mit antikisierenden Zügen. Dafür ist die Einführung des jambischen Trimeters der Alten in den Dialog bezeichnend, über dessen Charakter Goethe damals eingehende Betrachtungen angestellt hat. Die Sologesänge bieten formell nichts Neues; mit Chören ist das Fragment auffallend sparsam. Goethe war von der Oper sehr befriedigt, er rühmt sie dem zur Komposition ausersehenen Musiker Bernh. Anselm Weber in Berlin, der „Des Epimenides Erwachen" in Musik gesetzt hatte: „Sie ist märchen- und geisterhaft, dabei geht alles natürlich zu; sie soll heiter werden und brillant, wobei es nicht an Leidenschaft, Schmerz und Jammer fehlen wird." Also wiederum, wie in der „Zauberflöte", das Streben nach großen Kontrastwirkungen, die Goethe dem Wesen der

Oper am besten zu entsprechen schienen. Zwei Jahre nach dem „Löwenstuhl", in der Zeit des Westöstlichen Diwans, folgte ein neuer Opernplan: „F e r a d e d d i n u n d K o l a i l a", die Frucht seiner damaligen orientalischen Studien. Die Oper wäre nach Goethes Bekenntnis[27] „auch fertig geworden, da sie wirklich eine Zeitlang in mir lebte, hätte ich einen Musiker zur Seite und ein großes Publikum vor mir gehabt, um genötigt zu sein, den Fähigkeiten und Fertigkeiten des einen sowie dein Geschmack und den Forderungen des andern entgegenzuarbeiten". So zeigt noch dieser letzte Opernplan Goethes, wie sehr er sich bei all seinen Opernwerken als Librettist fühlte und wie stark er außerdem stets mit der Eigenart eines bestimmten Komponisten, ja einer bestimmten Bühne rechnete. Hierin war er ein treuer Geistesgenosse der Franzosen, die von Quinault bis auf Scribe gleichfalls auf ein möglichst enges Zusammenarbeiten von Dichter und Komponisten drangen.

Zum Schluß seien noch zwei Werke erwähnt, die mehr oder weniger eng mit den damaligen musikdramatischen Gattungen zusammenhängen. Das patriotische „Festspiel" „D e s E p i m e n i d e s   E r w a c h e n" vom Jahre 1814 nähert sich den musikalischen Gelegenheitsdramen, die die Italiener *Azioni teatrali* oder *serenate* nannten; sogar die dabei üblichen Allegorien und Anreden an bestimmte fürstliche Personen fehlen nicht. Daß Goethe an eine opernhafte Darstellung gedacht hat, geht nicht allein aus dem Glanz der Ausstattung, sondern auch aus den fein berechneten Kontrastwirkungen hervor. Auch formell

---

[27] Annalen 1816.

zeigt sich der Einfluß der Oper. Der Austritt des Dämons der Unterdrückung zum Beispiel gleicht vollständig einer neapolitanischen Soloszene mit malerischem Akkompagnato, Kavatine und Arie, und daß der vorhergehende Austritt zum mindesten in seinen trochäischen Partien als Terzett gedacht ist, geht allein aus dem Gleichklang der Reime hervor, genau wie bei dem Duett des vorhergehenden Auftritts (l 13). Endlich fehlen auch die glänzenden Chorszenen der *Azioni teatrali* nicht.

Das Melodram

Noch eine weitere musikalisch-dramatische Gattung hat Goethe in seiner „P r o s e r p i n a" von 1776 mit einem Beitrag bedacht, das Melodram oder, wie man es damals mit Vorliebe nannte, das Monodram. Diese Form, die gesprochenes Wort und reine Instrumentalmusik verbindet, war von Rousseau in seinem „Pygmalion" begründet und von Georg Benda mit seinen beiden erfolgreichsten Werken „Ariadne auf Naxos" und „Medea" in Deutschland eingebürgert worden. Der Eindruck des neuen Stils war so tief gewesen, daß selbst Künstler wie Mozart das Melodram zeitweise für das Kunstwerk der Zukunft hielten. Goethes Dichtung, an Gehalt den lediglich auf eine dankbare Virtuosenrolle zugeschnittenen Arbeiten der Brandes und Gotter himmelhoch überlegen, schließt sich ihnen formell ziemlich getreu an. Gleich ihnen ist sie ursprünglich in rhythmischer Prosa geschrieben und erst bei ihrer parodistischen Übertragung in den „Triumph der Empfindsamkeit" in Verse mit freien Rhythmen umgegossen worden. Nur insofern geht sie über den Brauch des damaligen Monodrams hinaus, als sie, wie die Kompositionen von Seckendorff und Eberwein zeigen, der begleiteten und unbegleiteten Deklamation und den reinen Instrumentalstücken noch den Chor hinzufügt, offenbar unter dem Einfluß der ursprünglichen Beziehungen des Ganzen zu Gluck (s. oben). Man wird gegen den Schluß vernehmlich an Alcestes' Szene mit den Todesgöttern im zweiten Akt der Oper gemahnt. Bemerkenswert aber ist, daß Goethe bei dieser Gattung die Musik nicht als die Hauptsache, sondern als die Dienerin der Dicht- und Schauspielkunst betrachtete, als den „See, worauf jener künstlerisch ausgeschmückte Nachen getragen wird, als die günstige Luft, welche die Segel gelind, aber genugsam erfüllt und der steuernden Schifferin bei allen Bewegungen nach jeder Richtung willig gehorcht."[28] Er rühmt der Eberweinschen Komposition nach, „sie habe das große Verdienst, mit weiser Sparsamkeit ausgeführt zu sein, indem sie der Schauspielerin gerade soviel Zeit gewähre, um die Gebärden der mannigfaltigen Übergänge bedeutend auszudrücken, die Rede jedoch im schicklichen Moment ohne Aufenthalt wieder zu ergreifen, wodurch der eigentlich mimisch-tanzartige Teil mit dem poetisch-rhetorischen verschmolzen und einer durch den andern gesteigert" werde. Nur in dem Parzenchor sei die volle musikalische Ausführung am

---

[28] In seiner Besprechung der Eberweinschen Musik im Cottaschen Morgenblatt von 1814.

Platze, um das ganze rezitativartig gehaltene Melodrama rhythmisch-melodisch abzurunden, „denn es ist nicht zu leugnen, daß die melodramatische Behandlung sich zuletzt in Gesang auflösen und dadurch erst volle Befriedigung gewähren muß."

So kam in das Melodram ein Element aus der Kantate herein. Etwas Ähnliches hatte Goethe bei seiner melodramatischen Bearbeitung der Anfangsszenen seines Faust I (von dem ersten Monolog mit Auslassung der Szene mit Wagner bis zum Schluß des Engelchores „Euch ist der Meister nah, Euch ist er da") im Auge gehabt; er schrieb am I. Mai 1815 dem Grafen Brühl: „Die Absicht ist, Fausten mir seltener musikalischer Begleitung rezitieren zu lassen, die Annäherung und Erscheinung des Geistes wird melodramatisch behandelt, der Schlußchor melodisch, woraus dann ein kleines Stück entsteht, welches etwa über eine halbe Stunde dauern mag." Eberwein sollte es komponieren, vermochte aber den Absichten des Dichters nicht zu folgen, und so blieb die Arbeit zum ziemlichen Verdruß Goethes unausgeführt.

Einfluß der Oper auf Goethes eigene Dichtung

Goethes Hinneigung zur Oper tritt aber nicht allein in seinen eigenen Libretti zutage, sondern, und zwar mit seinem zunehmenden Alter immer stärker, auch in seinen eigenen Dichtungen, zumal in denen, die er selbst bezeichnend „Festspiele" nennt. Es sind ausgesprochene Gelegenheitsspiele, wie „Paläophron und Neoterpe" (1800), „Was wir bringen" (1802) und vor allem der „Epimenides" (1814). Aber auch die „P a n d o r a" (1807) und – dem Stile nach – der zweite Teil des „Faust" gehören in diese Gruppe. Nicht als wären diese Werke für die Musik geschrieben, aber in Formenbau und Sprachbehandlung nähern sie sich dem musikalischen Drama. Das gilt namentlich von den zahlreichen Chören, die zum großen Teil nicht dramatischer, sondern musikalisch-dekorativer Natur sind. Der Schmiedechor der „Pandora" „Zündet das Feuer an" hat sogar die dreiteilige musikalische Gliederung mit Dakapo und wird außerdem ganz nach Opernart am Szenenschluß wiederholt. Aber auch die Scheidung in Rezitative und Arien schimmert noch deutlich hindurch. Jene, in der „Pandora" im klassischen Trimeter abgefaßt, enthalten den Fortschritt der Handlung und die in diesem Werke besonders stark vertretene Gedankenlyrik. Unterbrochen werden sie von rein lyrischen Partien mit Rhythmuswechsel, die die Stelle der Arien vertreten. Epimetheus' prachtvolles „Wer von der Schönsten zu scheiden verdammt ist" erinnert sogar durch die Wiederholung der ersten Strophe am Schluß an die Arienform. Eos endlich hebt sich durch ihre Trochäen von Anfang an stark von dem Tone der übrigen ab und redet sozusagen immer im Arioso. Diese Vielgestaltigkeit der Strophenbildung und der häufige elastische Wechsel der Versmaße ist überhaupt für die „Pandora" charakteristisch: man merkt dem Dichter förmlich die Befriedigung an, die ihm die souveräne Entfaltung seiner künstlerischen Meisterschaft gewährte. Sie erstreckt sich bis in die kleinsten Glieder hinein; wie sorgsam sind Reim, Alliteration und andre sprachliche Klangmittel berechnet! Mehr als einmal hat man den Eindruck, als sollte hier die Sprache ersetzen, was sonst die Musik zu leisten hat.

Der „Faust" endlich faßt auch auf unserm Gebiete Goethes ganze Entwicklung zusammen. Der erste Teil verwendet die Musik noch vorwiegend zu Lieder- und Choreinlagen im Sinne des alten Singspiels, so in den Gesängen beim Osterspaziergang, in Auerbachs Keller, aber auch in Gretchens Ballade vom König in Thule. Sie alle werden samt ihrer Musik in der betreffenden Situation als bekannt vorausgesetzt und sind natürlich unbedingt zu singen. Daneben aber steht eine Reihe andrer Stücke, meist Chöre, die auf den ersten Blick die Mitwirkung der Musik gleichfalls zu fordern scheinen, bei der Ausführung jedoch den Komponisten vor unlösbare Aufgaben stellen. Da ist zum Beispiel gleich der Geisterchor „Schwindet ihr dunkeln Wölbungen droben." Gewiß ist er durch und durch musikalisch. Aber es ist eine Musik, die nicht mit dem äußeren, sondern dem inneren Ohre rechnet. Tritt der wirkliche, physische Klang hinzu, so wird die ganze künstlerische Idee vergröbert und zerstört. Ähnlich verhält es sich mit den Ostergesängen und dem *Dies irae* der Domszene. Die äußeren Anknüpfungspunkte, dort der Choral, hier die alte Sequenz, können nur kurz angedeutet werden; in ihrer ganzen Ausdehnung komponiert wirken diese Chöre abermals viel zu lang und aufdringlich. Goethe rechnet hier gleichfalls mit einer immateriellen Musik, die die Schwelle des äußerlich Hörbaren nicht überschreitet. Was solche Chöre anstreben, hätte höchstens die reine Instrumentalmusik Beethovenschen Stiles leisten können, aber deren Ausdruckskraft blieb Goethe verschlossen. Eine dritte Reihe von Stücken sucht endlich die Formen der Oper für das gesprochene Drama fruchtbar zu machen. Sie finden sich in der Walpurgisnacht mit dem Wechselgesang zwischen Faust, Mephistopheles und dem Irrlicht am Anfang, den Hexenchören und der rondoartig wiederholten Strophe des Kapellmeisters und Orchesters im Walpurgisnachtstraum, vor allem aber in Gretchens beiden „lyrischen Monodien" „Meine Ruh' ist hin" und „Ach neige, du Schmerzenreiche". Sie wurzeln ohne Zweifel in den lyrischen Soloszenen der Oper, und Goethe liebt darin auch die den musikalischen Formen entsprechende Wiederholung einzelner Strophen, im ersten Fall nach Rondo-, im zweiten nach Dakapoarienbrauch. Trotzdem rechnen auch sie nicht mit der Komposition, sondern lassen die innere Bewegung in der ihnen selbst innewohnenden Musik ausklingen; sie bedürfen keiner „Ergänzung" durch die Schwesterkunst. Die Kompositionen von Schubert und andern haben als selbständige Gesänge hohen Wert, im Drama selbst aber wären sie fehl am Ort.

Anders liegen die Dinge im zweiten Teile des „Faust". Er fordert schon äußerlich weit öfter die Mitwirkung des Musikers, wie zum Beispiel in dem Mandolinen- und Theorbenorchester der Gärtnerinnen-

und Gärtnerchöre des Mummenschanzes, in dem „Präludieren" des Sirenenchores der klassischen Walpurgisnacht und der „vollstimmigen Musik", die für den ersten Teil der Euphorionszene verlangt wird. Vor allem ist aber die an die Festspiele gemahnende große Rolle des Chores von Wichtigkeit. Die meisten Chöre sind außerdem mit Einzelreden (Soli) eng verbunden und gemahnen, wie zum Beispiel die Euphorion- oder die Schlußszene des Ganzen, an Kantate und Oratorium. Goethe hat gleich Schiller dem Problem des Chores, das damals das gesprochene wie das gesungene Drama (Gluck) gleichermaßen beschäftigte, seine besondere Aufmerksamkeit zugewandt. Schon 1803 teilt er Zelter anläßlich der „Braut von Messina" seine Gedanken über den antiken Tragödienchor mit,[29] in dessen Entwicklung er die beiden ersten, durch Aischylos: verkörperten und den Chor als eigentlichen Mittelpunkt behandelnden Perioden als für die Musik besonders geeignet bezeichnet; die Wiederbelebung dieses Stils denkt er sich durch „ganz kurze Oratorien", hat also offenbar die homophonen oder polyphonen Oratorienchöre Händels und der deutschen Kirchenkantate im Auge. „Faust II" bildet jenen antikisierenden Stil im Helenaakt mit seinen Chören und den Reden in den jambischen Trimetern und trochäischen Tetrametern bewußt nach. Daneben stehen aber auch Chorpartien modernen Charakters, mit Soli, die nicht in Dialogmetren, sondern gleichfalls in freien Maßen gehalten sind. Hier haben wir in höchster Steigerung

---

[29] Goethe-Zelter I 74 f.

alles beisammen, was sich Goethe im Laufe seiner langen Tätigkeit für das „lyrische Theater" allmählich angeeignet hatte: die in letzter Linie von der französischen Oper und Gluck herstammende schmiegsame Verbindung von Soli und Chor, die leichtgeschürzten freien Rhythmen (besonders die trochäischen) und die Ensemblestücke in gereimten Strophen aus der italienischen Buffooper, die pathetischen, gleichfalls frei rhythmisierten Monologe des Melodrams und endlich die teils gereimten und strophischen, teils reimlosen und unstrophischen freien Chöre, wie sie damals die Oper und Kantate aller Spielarten darboten. Damit verstattet der zweite Teil des „Faust", ganz anders und weit stärker als der erste, den opern- und kantatenhaften Zügen einen breiten Spielraum, womit denn auch die große Rolle des Dekorativen und Mimischen eng zusammenhängt. Nur wenige dieser Partien, wie zum Beispiel die Lynkeuslieder, tragen, gleich jenen Monodien Gretchens, ihren musikalischen Urton in sich selbst.

Das Musikalische in Goethes Lyrik

Von jeher hat man Goethes Lyrik im Gegensatz zu der seiner Vorgänger als besonders „musikalisch" bezeichnet, ja gefunden, daß sie „selbst schon Musik sei". Dasselbe haben auch die Musiker empfunden und sich der Komposition Goethischer Gedichte in einem Maße zugewandt, daß man mit Fug und Recht behaupten kann, Goethe stelle nicht nur in der poetischen, sondern auch in der musikalischen Liederkunst einen entscheidenden Wendepunkt dar. Auf der andern Seite aber ist es ebenso stark empfunden worden, daß gerade bei den schönsten Liedern Goethes ein wirklicher; Erschöpfen ihres lyrischen Gehaltes durch den Musiker entweder gar nicht oder doch nur sehr schwer möglich ist. Selbst die berühmte Komposition von „An den Mond" durch Franz Schubert, der an lyrischer Kraft doch gewiß Goethe nahe kam, vermag der Dichtung nur unvollständig, nach einer Seite hin, gerecht zu werden. Tatsache ist jedenfalls, daß von allen „Goethekomponisten" von Reichardt bis auf H. Wolf keiner alle Strahlen aufzufangen vermocht hat, die von dieser Zentralsonne ausgehen. Jeder von ihnen hat Goethe wieder anders verstanden, weil er von ihm nur das wiederzugeben vermochte, was er selber besaß, und man könnte eine Geschichte des deutschen Liedes im neunzehnten Jahrhundert allein auf das verschiedene Verhältnis gründen, in dem seine einzelnen Vertreter zu Goethe stehen.

Nur der einzige Schubert hat in einzelnen Stücken, wie dem „Ganymed" und ähnlichen dem Dichter wirklich ins Auge gesehen, weil sein musikalisches Urerlebnis da in dieselben Tiefen hinabreichte wie das des Dichters. Aber gerade hier geht der Komponist auch nicht von den äußerlich musikalischen Zügen seiner Gedichte aus, sondern schafft das Ganze aus dem Geiste seiner eigenen Kunst heraus völlig neu. Das Unterstreichen und Materialisieren jener musikalischen Züge in Goethes Lyrik allein vermag also niemals zu einer „kongenialen" Komposition im modernen Sinne zu führen. Wohl aber im Sinne Goethes selbst, der ja, wie gezeigt wurde, als Anhänger der Berliner Grundsätze das Herrscherrecht des Dichters über den Musiker stets gewahrt wissen wollte. Innerhalb dieser Schranken hat er die Unterstützung durch den Musiker nicht bloß geduldet, sondern geradezu gefordert. Ja, er selbst nahm bei der Konzeption seiner Gedichte gelegentlich die Musik unmittelbar in Anspruch. So erzählt er aus der Straßburger Zeit: „Unterwegs sang ich mir seltsame Dithyramben und Hymnen, wovon noch eine unter dem Titel Wanderers Sturmlied übrig ist. Ich sang diesen Halbunsinn leidenschaftlich vor mich hin, da mich ein schreckliches Wetter unterwegs traf, dem ich entgegengehen mußte."[30] Mitunter war sogar der musikalische Rhythmus vor der eigentlichen Dichtung da, wie noch der alte Goethe seinen Wilhelm Meister sagen läßt: „Mir scheint oft ein geheimer Genius etwas Rhythmisches vorzuflüstern, so daß ich mich beim

---

[30] Dichtung und Wahrheit III 12.

Wandern jedes Mal im Takt bewege und zugleich leise Töne zu vernehmen glaube, wodurch denn irgendein Lied begleitet wird, das sich mir auf eine oder die andre Weise gefällig vergegenwärtigt."[31]

Hier sehen wir aber auch zugleich, daß der Rhythmus die eigentliche Seele des Musikalischen bei Goethe war. Er war der Urgrund alles Klingens und Singens in seiner Seele, der eigentliche Träger der hier stattfindenden Bewegung. „Der Takt", sagte Goethe einmal, „kommt aus der poetischen Stimmung, wie unbewußt. Wollte man darüber denken, wenn man ein Gedicht macht, man würde verrückt und brächte nichts Gescheites zustande."[32] Die Melodien dagegen, die er dabei zu vernehmen glaubte, dienten ihm lediglich zur Versinnbildlichung des Rhythmus, also nur als Mittel zum Zweck; er hat deshalb auf sie seinen musikalischen Freunden gegenüber auch niemals Wert gelegt. Es mögen auch kaum musikalisch vollausgebildete Melodien gewesen sein. Wohl aber mögen sie ihm, natürlich unbewußt, dazu gedient haben, die innere Melodie seiner Dichtungen herauszuarbeiten, worunter nicht allein die deklamatorische Linie oder Reim und Strophik zu verstehen sind, sondern das gesamte Auf- und Abfluten des dichterischen Ausdrucks, jene geheime Bewegung aller Dinge, die sich hier zum ersten Mal in der Seele eines deutschen Dichters widerspiegelte. Diese rhythmisch-melodische Natur der Goethischen Lyrik, für die unser papierenes und

---

[31] Wanderjahre III 1.
[32] 6. April 1829 zu Eckermann (II 129).

gänzlich unlyrisches Zeitalter kaum mehr das Verständnis aufbringt, bedarf aber im Grunde gar keiner Ergänzung durch die musikalische Komposition, sondern steht selbständig neben, ja bei den besten Gedichten sogar über ihr; man hat bisweilen den Eindruck, als würde durch die Komposition ein von Hause aus fertiges musikalisches Gebilde noch einmal, nur mit andern Mitteln, in Musik gesetzt.

Gewiß sind lange nicht alle Gedichte Goethes von dieser eigentlich unkomponierbaren Art, die ihre Musik in sich selbst trägt. Viele kommen der Tonkunst weit „williger entgegen, ja ganze Gruppen drängen ihr sogar einen ganz bestimmten Stil auf, wie zum Beispiel die rein volkstümlichen oder die geselligen Lieder. Auch die Leipziger Jugendlyrik kann man sich eigentlich nur im damaligen „Odenstil" komponiert denken, mit wenigen Ausnahmen. Aber gleich darauf griff Goethe entscheidend in eine Bewegung „ein, die seit Klopstock mehr und mehr die deutsche Lyrik umzugestalten begann. Sie zielte auf eine weit stärkere musikalische Durchdringung der gesprochenen Lyrik ab. Man empfand immer stärker die geringe musikalische Ergiebigkeit des französischen Alexandriners mit seinem eintönigen jambischen Gleichschritt, bei dem auch der Endreim nur noch als rhetorisches Ornament wirkte, und erinnerte sich daran, daß der Dichter nicht bloß Sprecher und Deklamator, sondern auch Sänger sei; das Poetische verlangte sein Recht gegenüber dem Rhetorischen. Eine neue Form wurde geschaffen, in der die seelische Bewegung des Dichters sich unmittelbar in beseelten Klang umsehen sollte.[33] Das Ergebnis war eine ganz neue, freie Rhythmik, die unmittelbar aus dem dichterischen Erlebnis herausquoll, unbeirrt durch jedes überkommene metrische Schema; selbst der Nenn wurde als beengend verworfen. Schon die von Klopstock für solche Dichtungen gewählte Bezeichnung „Gesange" weist auf ihren musikalischen Untergrund hin; tatsächlich wollte er damit Rhythmus und Melodie der deutschen Sprache wieder zum Ausgangspunkt der Lyrik machen. Nicht mehr ein vorgebildetes Metrum, sondern Sinn und Gefühlswert der einzelnen Satzglieder sollten den Gang des Rhythmus bestimmen. Es ist klar, daß bei dieser Poesie mit ihren ewig wechselnden Rhythmen der musikalische Begriff des Taktes für den Vortrag eine gewichtige Rolle spielen mußte; nicht mit Unrecht wurde Klopstock später von Schiller als ein „musikalischer" Dichter bezeichnet. Nahm er doch seine Muster von Dichtungsgattungen, die seit alters aufs engste mit der Musik verbunden waren, wie der Lyrik des Alten Testamentes und der Griechen, dazu kamen, ihm selbst bewußt oder nicht, Ossian und die für die Musik bestimmten Dichtungen, vom Madrigal an bis zu den von diesem großenteils abstammenden Texten der damaligen Opern und Kantaten. Klopstock strebte aber auch nach einer vollen Vereinigung seiner neuen Gesänge mit der Musik, wobei es ihm weniger auf jene alten Berliner Grundsätze ankam als vielmehr auf eine

---

[33] Vgl. K. Burdach, Schillers Chordrama und die Geburt des tragischen Stils aus der Musik. Deutsche Rundschau, Jahrg. 76, Heft 5-7, 1910, S. 280 ff.

Steigerung seiner neuen Art von Sprachmelodie, ein Ideal, das Gluck dann in seinen Odenkompositionen in vollkommenster Weise verwirklicht hat.

Herder, der schon seiner ganzen Anlage nach von allen unsern großen Dichtern und Denkern der Musik innerlich am nächsten stand, nahm diese Klopstockschen Anschauungen auf, bildete sie auf weit breiterm Grundlage weiter und wurde damit von größtem Einfluß auf den jungen Goethe. Die Poesie, mit der Musik aufs engste verbunden, war für ihn die „Muttersprache des menschlichen Geschlechtes" und der unmittelbare Ausdruck göttlicher Kraft. Jedes Wort des Dichters wurde ihm zum tönenden Symbol, jeder Sag zum melodischen und rhythmischen Spiegelbild des inneren Erlebnisses, nicht mehr bloß zum Gefäß für Begriffe und logische Inhalte. Kein Wunder, daß ihm darüber der Gedanke an die ursprüngliche Einheit von Dicht- und Tonkunst aufdämmerte, und daß er jenes Ideal in den freien Rhythmen Klopstocks verwirklicht fand. Er glaubte den Geist der Oper in der italienischen Sprache zu verspüren, lange ehe es eine Oper gab. „Dante, Petrarca, Ariosto, Tasso, Guarini sangen, indem sie schrieben; wer sie liest, singt mit selbsterfundener Melodie." Hier ist wieder ganz deutlich der Gedanke der lebendigen Sprachmelodie ausgesprochen. Daß er bei der älteren Art von Lyrik mit ihren konventionellen Maßen nicht zu seinem Rechte kam, wußte niemand besser als Herder, der in seinem langen Leben niemals die Fühlung mit den ausdrücklich für die Musik bestimmten Dichtungsformen, Oper, Oratorium und Kantate, verloren und eine ganze Reihe von Beiträgen dazu geliefert hat. In diesen musikalischen Gattungen aber war die Versbehandlung von jeher mit Rücksicht auf die Musik weit freier und mannigfaltiger gewesen; man erinnere sich nur zum Beispiel an Glucks „Orpheus", aber auch an den Stil der weltlichen und geistlichen Kantate. Und diese Freiheit suchte Herder nun für alle Gattungen der Poesie zu gewinnen, getreu seinem Grundsatze, daß die Poesie unmittelbarster Ausdruck des ewig flutenden seelischen Lebens sei.

Das gelobte Land der neuen Lyrik, das Klopstock nur ahnte und Herders prophetischer Blick von ferne erschaute, hat der junge Goethe, dem es bei Herders Lehre in Straßburg wie Schuppen von den Augen fiel, wirklich betreten. Nicht als hätte seine frühere Lyrik auf die Unterstützung durch die Musik verzichtet. Aber sie war eine mehr äußerliche gewesen; jene Gedichte waren wohl für die Musik bestimmt, aber selbst noch nicht eigentlich musikalisch. Sie rechneten noch mit den alten metrischen und rhythmischen Mitteln, denen sich die Sprachmelodie anzupassen hatte. Das entspricht den Empfindungen, die hier zum Ausdruck kommen: es sind einheitliche, abgeschlossene Seelenzustände, von denen uns der Dichter Kunde gibt, es fehlt noch das innere Schwingen, die Bewegung der Seele, die die Voraussetzung für jene verborgenen musikalischen Kräfte ist. Jetzt aber stellte sich, von Herder entfacht, diese Bewegung ein, und mit ihr das melodisch-rhythmische Leben, das Goethes Dichtung von nun an von aller früheren unterscheidet. Es offenbart sich bereits in den einfachsten, dem Volksliede nachgebildeten Gedichten, wie dem „H e i d e n r ö s l e i n." Wie genial ist hier der ursprüngliche Volksliederton mit seiner Kehrreimzeile, seiner lebensvoll prägnanten Wortstellung und seiner ganzen naiven Ausdrucksweise durch jene innere Melodie veredelt! Schon der äußere Bau ist aus dem Geiste der Musik heraus geboren. Dem Aufgesang der ersten fünf Zeilen liegt die regelmäßige achttaktige Periode zugrunde, nur daß ihr zweiter Teil, wie das in der Musik an dieser Stelle so häufig der Fall ist,[34] durch die Phantasie des Künstlers eine Weiterspinnung seines ersten Gliedes (Zeile 3) auf das Doppelte (Zeile 3-4) erfährt; ganz sinngemäß deutet der Dichter die Zusammengehörigkeit durch Gleichheit des Reims an. Der Abgesang (Zeile 6-7) bildet dann wieder einen regelmäßigen Viertakter. Aber damit nicht genug. Jeder fühlt, daß der rhythmische Schwerpunkt der ersten vier Takte auf dem zweiten und vierten liegt und daß die Sprachmelodie dabei aufsteigt:

Denn der zweite Takt führt nicht allein die „Titelheldin" des Ganzen ein, auf die die Bewegung des ersten Taktes hinstrebt, dieser Vorgang wird auch noch durch den Klang verstärkt: auf den A-Klang des ersten Taktes folgt

---

[34]) Man vergleiche hierzu zum Beispiel die Menuettsätze des jungen Haydn.

der höhere O- und E-Klang des zweiten, auf die vier einsilbigen Worte das erste zweisilbige, aus dem es fast schon wie ein Melisma klingt. Die volkstümliche Kehrreimzeile führt die Bewegung auf ihren ersten Höhepunkt. Zeile 3 entspricht durchaus den ersten beiden Takten, nur daß hier die dunkeln U- und O-Laute eine Änderung, gewissermaßen eine Modulation hervorbringen. Dann aber folgt die eingeschobene vierte Zeile: lauter einsilbige Worte, zugleich taucht zum ersten Mal der spitze I-Laut auf – die Melodie weist hier einen entschiedenen Zug nach oben, ja man möchte fast sagen noch ein inneres Accelerando auf. Und abermals erreicht die hier schwingende Bewegung in der folgenden Zeile ihren vollen Höhepunkt. Der Abgesang knüpft der Stimmung nach an die zweite Zeile an, aber die melodische Linie, die dort nur aufwärts geführt hatte, läuft hier zunächst zwar ebenfalls in die Höhe bis zu dem Gipfel auf „rot" – denn die drei Wiederholungen des Wortes „Röslein" bedeuten in jeder Hinsicht eine Steigerung –, senkt sich dann aber symmetrisch ebenso wieder herab. Derselbe beseelte Klang tönt uns auch aus den übrigen Strophen entgegen, man vergleiche da nur zum Beispiel die Vokalwahl beim Knaben, bei dem das A, und beim Röslein, in dessen Rede das E und I vorwiegen.

Vergleicht man nun aber die Kompositionen dieses Liedes[35], so zeigt sich, daß Reichardt und Schubert die innere Melodie des Gedichtes am reinsten in Tönen aufgefangen haben. Reichardt baut sein Lied auf der aller-

---

[35] Vgl. M. Friedländer, Gedichte von Goethe in Kompositionen seiner Zeitgenossen, 1896, S. 7 und 11.

primitivsten altberlinischen Grundlage auf. Melodie und Rhythmus schmiegen sich dem Gedichte in schlichtester Weise an, und vollends die Harmonik wechselt nur zwischen Tonika und Dominante und kennt keine Modulation; die ganze Melodie baut sich eigentlich auf den Tönen des G-Dur-Dreiklangs auf. Schubert dagegen dringt tiefer in das Leben des Gedichtes ein. Er unterstreicht die schweren Takte durch die kleinen Melismen und bringt vor allem die in der dritten bis fünften Zeile liegende Steigerung der inneren Bewegung durch die Modulation zu schönem Ausdruck. Auch das Verhältnis zwischen Auf- und Abgesang ist bei ihm außerordentlich lebensvoll ausgedrückt, besonders durch die sinnige Anknüpfung des elften bis zwölften Taktes an den zweiten bis dritten. Die Spannung der letzten vier Gesangstakte ist bei ihm sogar so groß, daß er, um sie voll abklingen zu lassen, die beiden letzten durch das Instrument nochmals wiederholen läßt; das anspruchslose Nachspiel ist seelisch somit auf das feinste motiviert. So läßt diese Komposition Schuberts die innere Melodie des Gedichtes in vollendeter Weise in Tönen erblühen; sie gibt dem Dichter, was des Dichters ist, ohne dabei nach Berliner Art die Rechte des Musikers zu schmälern, und wäre deshalb auch weit besser als der „Erlkönig" geeignet gewesen, die Kunst ihres Schöpfers dem Dichter näher zu bringen.

Dagegen wird die sentimental angehauchte und wohl deshalb besonders populäre Melodie H. Werners, die zudem die Schubertschen Konturen stark verwischt, dem inneren Leben des Gedichtes weit weniger gerecht; sie begnügt sich mit dem Ausdruck eines ganz allgemeinen Affektes, der mit seinem empfindsamen Zug dem Charakter des Liedes nicht einmal entspricht.

Neben dieser musikalischen Neubelebung einfacher Strophenlieder wandte sich Goethe aber auch jener neuen, reim- und strophenlosen, sich häufig der Prosa nähernden freien Lyrik zu. Wie stark er sich hier der Nähe der Musik bewußt war, lehren noch seine Ausführungen in den „Wanderjahren": „Der poetischen Rhythmik stellt der Tonkünstler Takteinteilung und Taktbewegung entgegen. Hier zeigt sich aber bald die Herrschaft der Musik über die Poesie; denn wenn diese, wie billig und notwendig, ihre Quantitäten immer so rein als möglich im Sinne hat, so sind für den Musiker wenig Silben entschieden lang oder kurz; nach Belieben zerstört dieser das gewissenhafteste Verfahren des Rhythmikers, ja verwandelt sogar Prosa in Gesang, wo dann die wunderbarsten Möglichkeiten hervortreten, und der Poet würde sich gar bald vernichtet fühlen, wüßte er nicht von seiner Seite durch lyrische Zartheit und Kühnheit dem Musiker Ehrfurcht einzuflößen und neue Gefühle, bald in sanftester Folge, bald durch die raschesten Übergänge, hervorzurufen."[36]

Schon der „Werther" weist diese „unendliche Melodie" auf, obwohl er in Prosa geschrieben ist, und zwar nicht allein in der Ossianübersetzung „Stern der dämmernden Nacht", die jene Melodie allerdings am deutlichsten emporblühen läßt, sondern auch in der übri-

---

[36] II 9.

gen Dichtung. Bezeichnenderweise sind es die Naturschilderungen, in denen sie sich am reichsten entfaltet. Man höre da gleich am Anfang:

„Wenn das liebe Tal um mich dampft und die hohe Sonne an der Oberfläche der undurchdringlichen Finsternis meines Waldes ruht und nur einzelne Strahlen sich in das innere Heiligtum stehlen, ich dann im hohen Grase am fallenden Bache liege und näher an der Erde tausend mannigfaltige Gräschen mir merkwürdig werden, wenn ich das Wimmeln der kleinen Welt zwischen Tannen, die unzähligen, unergründlichen Gestalten der Würmchen, der Mückchen näher an meinem Herzen fühle, und fühle die Gegenwart des Allmächtigen, der uns nach seinem Bilde schuf, das Wesen des Alliebenden, der uns in ewiger Wonne schwebend trägt und erhält – mein Freund, wenn's dann um meine Augen dämmert und die Welt um mich her und der Himmel ganz in meiner Seele ruhn, wie die Gestalt einer Geliebten: dann sehne ich mich oft und denke: ach, könntest du das wieder ausdrücken, könntest du dem Papier das einhauchen, was so voll, so warm in dir lebt, daß es würde der Spiegel deiner Seele, wie deine Seele ist der Spiegel des unendlichen Gottes. – Mein Freund – aber ich gehe zugrunde, ich erliege unter der Gewalt der Herrlichkeit dieser Erscheinungen"

Trotzdem das äußerlich Prosa ist, so hängt es doch mit seiner verborgenen Melodie und seiner schwingenden Rhythmik fühlbar mit Gedichten wie dem „Ganymed" zusammen, auf den es ja auch seinem Inhalt nach hinweist.

Ferner erinnere man sich an die Klavierszene gegen den Schluß des Romans. Sie beginnt ganz in Musik getaucht: „Ich bitte dich – Siehst du, mit mir ist's aus, ich trag' es nicht länger! Heute saß ich bei ihr – saß, sie spielte auf ihrem Klavier mannigfaltige Melodien, und all den Ausdruck! all! – all! Was willst du?" Schon dieser Eingang mit seinen freien Rhythmen, dem vorherrschenden I-Laut, der hier fast mit der Kraft eines musikalischen Reimes wirkt („bei ihr" – „auf ihrem Klavier" – „Melodien") und dem wunderbaren, dunkeln Ausklang („und all den Ausdruck! all! all!") schlägt unmittelbar musikalische Töne an, und dem entspricht auch die Fortsetzung.

Die in Versen geschriebene Lyrik dieser Art bezeichnete Goethe selbst gern als Hymnen oder Dithyramben. Es ist kein Zufall, daß eine große Zahl dieser Dichtungen einen Wanderer vorführt („Wanderers Sturmlied", „Wanderer", „An Schwager Kronos"); sie sind ganz Bewegung, Aktion, in die auch alle andern Empfindungen mit hineingezogen werden. Die unter Pindarschem Einfluß stehende Hymne „Wanderers Sturmlied" ist eine von musikalischer Phantasie getragene unmittelbare Inspiration. Sie strömt aber keineswegs gleich so manchem Sturm und Drang-Erzeugnis fessel- und formlos dahin, sondern erweist sich bei aller Freiheit als wohlgegliedert. Es gemahnt an die Art des Musikers, seine Melodien organisch weiterzuspinnen, wenn bestimmte Worte und Satzglieder mit ihrer klangsymbolischen Kraft wiederkehren, und musikalisch sind zum Beispiel auch die Kadenzen am Schlusse der Strophen mit ihren schweren Tonfällen. Noch elementarer ist die rhythmische Kraft, mit der sich die Wanderfahrt des „Schwagers Kronos" aussingt. Die Wirkung dieser und verwandter Dichtungen ist aber auch deshalb so stark, weil sie, ganz anders als die am Übersinnlichen haftende Lyrik Klopstocks, stets von einem vollen sinnlichen Erlebnis ausgehen, dessen Kraft sich eben in jenen freien Rhythmen widerspiegelt. Damit stehen wir abermals in unmittelbarer Nähe der großen lyrischen Monologe des musikalischen Dramas mit ihren begleiteten Rezitativen und Arien und vor den bereits erwähnten lyrischen Monodien. Einzelne dieser Dichtungen hat Goethe wirklich auch ins Dramatische gesteigert, wie die Bruchstücke des „Mahomet" und des „Prometheus" zeigen, und alsbald tritt hier die Verwandtschaft mit der Formenwelt der damaligen Oper wieder deutlich zutage. Über den „Mahomet" hat sich der Dichter später selbst noch einmal geäußert.[37] Er beginnt mit einer „Hymne" in reimlosen Klopstockschen Odenstrophen, die sich an Mond und Sterne wendet, einem der damaligen Oper sehr vertrauten Szenentypus, den der Dichter freilich über alle Nachtgesänge der Oper hinaus zu einem Hymnus an den Einen Allgott gesteigert hat. Die Fortsetzung in rhythmischer Prosa lehrt deutlich, daß er als Gesang, opernhaft gesprochen also als Arie, gedacht war, und Goethe selbst empfiehlt ihn später dem Musiker zur Komposition im Kantatenstil" Er redet auch weiterhin von „einzuschaltenden Gesängen", von denen sich nur der eine

---

[37] Dichtung und Wahrheit Ill 14.

„Seht den Felsenquell" in seinen Gedichten erhalten habe, und außerdem von der „Abwechslung der Stimmen und der Macht der Chöre", die er im Sinne gehabt habe. Ähnlich liegen die Dinge im „Prometheus", dessen berühmter Gesang „Bedecke deinen Himmel, Zeus" ebenfalls eine freie lyrische Monodie, musikalisch gesprochen ein großes Akkompagnatorezitativ ist. Sicher hat Goethe bei vielen Partien dieser Art in den beiden Bruchstücken sich nicht mit der in der Dichtung selbst liegenden verborgenen Musik begnügt, sondern geradezu die Mitwirkung eines Musikers gefordert, wie sein Wort von den „einzuschaltenden Gesängen" beweist. Sie bilden die Brücke zu dem bereits erwähnten Melodram „Proserpina".

Daß Goethe sich übrigens des Zusammenhanges dieses neuen lyrischen Stils mit dem der Kantate bewußt war, bezeugt eine seiner merkwürdigsten Jugenddichtungen, das *cocerto drammatico*, „aufzuführen in der Darmstädter Gemeinschaft der Heiligen" (1772). *Concerto* ist noch zum Beispiel bei Bach der ganz gewöhnliche Name für eine Kantate, und in Kantatenform ist das ganze Scherzstück gehalten. Schreibt Goethe doch für jeden Salz Takt, Tempo und Vortrag vor (*Tempo giusto C, Allegretto ¾, Arioso, Cantabile* und so weiter). Weltliche und kirchliche Kantate gehen in parodierender Absicht fortwährend durcheinander. Neben einem „Choral" steht ein „*Capriccio con variazioni*", eine Art von Baudeville, und diesem folgt ein Pariser Operettenliedchen, sogar in französischer Sprache. Den Schluß bildet ein *Presto fugato*, dessen Art des Abdrucks sogar auf Doppelchörigkeit hindeutet; Interjektionen wie „rum rum didli di dum" und dergleichen scheinen die begleitenden Instrumente anzudeuten. Wichtig aber sind die freien Rhythmen mancher Stücke, von denen einige, wie zum Beispiel das Allegro *con furia*, ganz deutlich auf entsprechende beliebte Stimmungsbilder der gleichzeitigen Kantate hinweisen.

Der „Genievers", wie man diese freien Rhythmen zu nennen pflegt, erstreckt sich bis in die erste Fassung der „I p h i g e n i e" (in Prosa) hinein, der Arbeit, zu deren Förderung sich der Dichter gelegentlich, wie wir sahen, durch ein „Quattro" der Stadtmusikanten anregen ließ. Indessen unterscheidet sich die Dichtung von den bisher erwähnten dramatischen Stücken darin, daß sie bereits auf e i n e n Grundrhythmus, den jambischen, abgestimmt ist. Dabei kommt das doppelte Ethos, das schon die Griechen diesem Rhythmengeschlecht zugeschrieben haben, zu seinem Recht, die leidenschaftliche Unruhe, meist in Verbindung mit kurzatmigen Sagen, und die gemessene tragische Trauer. Von diesem Grunde aber heben sich immer wieder jene freieren Rhythmen ab, am eindrucksvollsten im zweiten „und dritten Auftritt des dritten Aktes mit der Wahnsinnsszene des Orest (von „Willkommen ihr Väter, euch grüßt Orest" an); es war kein Zufall, daß diese Partie fast unverändert in die spätere Fassung übergegangen ist. Man vergleiche hier nur die verschiedene Bewegung des Rhythmus in den Worten der drei beteiligten Personen. Mit besonders schöner Wirkung beginnt Goethe an manchen Stellen jambisch und kadenziert am Ende der Satzglieder in freien Rhythmen, wie zum Beispiel in folgenden Worten Iphigeniens (III 1), die hier in Versform stehen mögen:

> Aus dem Blute Hyazinths
> Sproßte die schönste Blume;
> Die Schwestern Phaëthons
> Weinten lieblichen Balsam,
> Und mir steigt
> Aus der Eltern Blut
> Ein Reis der Errettung,
> Das zum schattenreichen Baume
> Knospen und Wuchs hat.

Das ist eine vollkommen symmetrisch gegliederte freie Strophe. In den Monologen nehmen diese Rhythmen ihren freisten und höchsten Schwung. Es sind die einzigen Stellen ihrer Art, die auch in die spätere Fassung übergegangen sind. Und gerade sie belegen den Wandel besonders deutlich, den Italien auch in der Entwicklung von Goethes Sprachmusik hervorgebracht hat. Er führt, musikalisch gesprochen, vom Rezitativischen zumAriosen. An die Stelle der sprunghaften, zackigen Linie tritt die breit ausladende; in prachtvollem Ebenmaß rauschen diese Gesänge vorüber und heben die großen lyrischen Höhepunkte wie mächtige Wogenkämme aus dem Jambenstrome heraus. Die jambische Fassung selbst aber ist nicht etwa ein Rückfall in den älteren, vorgoethischen Brauch. Allein der Vergleich mit Lessings Jambenstücken lehrt zur Genüge, wieviel musikalisches Leben in den Goethischen steckt und welch feiner Abschattierungen es fähig ist. Die Jamben der „Iphigenie" sind ebenso unmittelbarer Ausdruck der seelischen Bewegung, wie es in der älteren Fassung die freie rhythmische Prosa gewesen war; allerdings ist es eine Bewegung, die ihren Fluß selbst zu bändigen weiß. Es sind die musikalischsten Jamben, die das deutsche Drama aufzuweisen hat.

Nach der Rückkehr aus Italien hat Goethe die Zwitterform jener Halbprosa nicht wieder angewandt. Nicht als fehlte zum Beispiel „Dichtung und Wahrheit" oder den „Wahlverwandtschaften" die innere Musik, aber sie ergeht sich, musikalisch gesprochen, nicht mehr in so großen Intervallen und kennt keine so scharfen Umschläge in Dynamik, Rhythmik und Tempo mehr, sondern stuft die innere Bewegung in ihrem Auf und Ab weit feiner und leiser ab, ohne doch in die formelhafte Erstarrung der allerletzten Prosa, zum Beispiel der „Wanderjahre", zu verfallen.

Lyrik und Drama dieser Zeit bedienen sich der freien Rhythmen noch in ausgiebigerem Maße, ja sie nähern sich, wie gezeigt wurde, mehr als früher der Musik selbst und ihren Formen. Aber hinsichtlich Ihrer inneren Musik besteht doch ein fühlbarer Unterschied gegen früher. Natürlich hat das Musikalische auch an ihnen einen starken Anteil und wird als solches ohne weiteres empfunden. Ja, in manchen Werken treten die Klangmittel noch deutlicher hervor als vordem, Rhythmen, Reime, Alliterationen, Klangwirkungen der Vokale werden mannigfaltiger und häufiger, als käme der Dichter dem Musiker bewußt entgegen. Und doch hat sich der Standpunkt des Schöpfers zu seinem Werk stark verschoben. Früher war jene Sprachmusik der unmittelbare Ausdruck innerer Überfülle gewesen. Jetzt neigt der Dichter im Besitz einer auch auf diesem Gebiete mittlerweile erworbenen vielgestaltigen Technik dazu, alle Klangmittel bewußt in den Dienst des Ausdrucks zu stellen. Es macht ihm oft geradezu Freude, mit dieser Fülle von Klängen und Rhythmen sein überlegenes Spiel zu treiben. Gewiß fehlt es auch jetzt nicht an Stellen und ganzen Gedichten, wo sich das dichterische Erlebnis unmittelbar in Klang und Rhythmus umsetzt, aber daneben stehen immer wieder andre, wo der Dichter diese Mittel bewußt zu bestimmten Wirkungen benutzt, ja auch solche, wo seine Verse geradezu den Eindruck gereimter Prosa machen. Allerdings liegt darin nicht etwa eine Rückkehr zu der konventionellen Metrik der älteren Zeit mit ihrer rationalistischen Art, denn auch diese Dichtung quillt nicht bloß aus dem Denken, sondern aus dem Erleben empor. Aber der ordnende und seiner ganzen formalen Meisterschaft bewußte Dichtergeist sucht sich dieses Erlebnisses voll zu bemächtigen, es zu deuten und zu durchdringen. Am Ende dieser Entwicklung steht die letzte Altersprosa Goethes in den „Wanderjahren", zumal in deren rein lehrhaften Abschnitten. Hier tönt jene innere Musik nur noch wie ein ferner Klang leise an unser Ohr, durch ein Gewebe starrer Formeln und Schnörkel hindurch, mit denen der alte Goethe absichtlich die Distanz zwischen sich und dem Leser festzuhalten sucht.

Literatur

J. v. Wasielewski, Goethes Verhältnis zur Musik, 1880.
Ferd. Hiller, Goethes musikalisches Leben, 1883.
Ph. Spitta, Die älteste Faustoper und Goethes Stellung zur Musik, in „zur Musik" 1892, S. 197 ff.
M. Friedländer, Goethes Gedichte in der Musik, Goethe-Jahrbuch 1891.
M. Friedländer, Gedichte von Goethe in Kompositionen seiner Zeitgenossen, Schriften der Goethegesellschaft Bd. 11 (1896) und 31 (1916).
M. Friedländer, Goethe und die Musik, Jahrbuch der Goethegesellschaft Bd. 3 (1916), S. 277 ff.
W. Nagel, Goethe und Beethoven, 1902.
W. Nagel, Goethe und Mozart, 1904.
Thayer-Riemann, Beethoven 3. Bd. 2. Aufl. 1911, S. 320 ff.
H. J. Moser, Goethe und die musikalische Akustik, Festschrift für R. v. Liliencron, 1910, S. 145 ff.
K. Burdach, Schillers Chordrama und die Geburt des tragischen Stils aus der Musik, Deutsche Rundschau, Jahrg. 36 (1910), Heft 5-7.
W. Bode, Die Tonkunst in Goethes Leben, 2 Bde., 1912.